UTE GERZABEK

Pour en savoir plus sur

LA RESPIRATION

et vivre mieux

Traduit de l'anglais par
Pauline Baggio

SAND

© 2000, Éditions Sand, 6, rue du Mail - 75002 Paris
pour l'édition en langue française

ISBN 2-7107-0675-X

DIRECTEUR DU PROJET	Wendy James
CONCEPTEURS	Hugh Schermuly
	Joanna Stawarz
RÉDACTEUR EN CHEF	Anne Yelland
RÉDACTEUR ARTISTIQUE	Patrick Carpenter
DIRECTION DE LA RÉDACTION	Lindsay Mc Teague
DIRECTION ARTISTIQUE	Patrick Carpenter
SECRÉTAIRE DE RÉDACTION	Lindsay McTeague
RÉDACTEUR PAO	Lesley Gilbert
COORDINATION ÉDITORIALE	Becca Clunes
INDEX	Laura Hicks
DIRECTEUR DE LA RÉDACTION	Sean Keogh
RÉALISATION	Nikki Ingram
	Sarah Hinks

TRADUCTION FRANÇAISE	Pauline Baggio
PHOTOGRAPHIE DE COUVERTURE	Tony Latham

Imprimé et relié par Partenaires, France.

REMERCIEMENTS

Je souhaite dédier ce livre à ma mère,
Catherine, qui, j'en suis sûre,
le trouvera très utile.

J'aimerais exprimer ma gratitude
aux organisations et aux personnes
suivantes pour l'aide précieuse
qu'elles m'ont apportée : Arthritis
Research Campaign ; Arthritis Care ;
The Arthritis Foundation ; et à
Judy Graham, Liz Hodgkinson,
Adrienne et Geoff Leach,
John Newell et Lee Rodwell.
Enfin, je désire remercier mon
éditeur John Miles pour son soutien
et son efficacité.

Sommaire

Avant-propos

L'idée d'écrire un livre sur la méthode que j'utilise pour enseigner la pratique de la respiration est venue de mes étudiants, ceux qui ont suivi mes cours à l'Université de musique et arts du spectacle de Vienne ou mes cours particuliers, ainsi que ceux qui ont assisté à mes nombreux séminaires. Ils me demandaient sans cesse s'il existait un livre sur le sujet qui leur permettrait de compléter la formation. Le voici.

C'est à partir de mes expériences de chanteuse professionnelle et de professeur que j'ai développé ce programme approfondi d'apprentissage de la respiration. Il fait appel à certaines techniques que vous reconnaîtrez peut-être – celles de Feldenkreis, Middendorf et Wolf, Alexander et Eutonie, et à diverses méthodes orientales qui m'ont sans aucun doute influencée. Mais ce programme doit se faire dans la durée. Il vise à vous encourager à pratiquer la respiration de la même manière que vous apprendriez, par étapes, à jouer un instrument de musique.

En suivant la série d'exercices, en répétant maintes fois les enchaînements qu'ils comportent, vous remarquerez les progrès et les changements qui s'opéreront en vous. Lorsque vous en aurez maîtrisé les techniques, vous serez en mesure d'adapter votre respiration à toutes les situations de la vie quotidienne.

Prendre conscience de votre respiration et la sentir est un travail subtil qui ne tardera pas à vous révéler sur votre corps bien des choses qui vous surprendront peut-être et vous ouvriront de nouvelles perspectives. Par son pouvoir et son énergie, la respiration est source de vitalité.

Ne restez donc pas passif lorsque l'énergie pénètre en vous durant l'inspiration et en est expulsée durant l'expiration. En respirant de façon consciente, vous pourrez participer activement à ce processus et faire bon usage de ses effets bénéfiques.

Les exercices spécifiques affecteront tout votre être, votre corps aussi bien que votre esprit. Bien des choses vous sembleront alors plus faciles à faire. Les maux et les douleurs seront moins sévères et disparaîtront peut-être. Vous développerez votre confiance en vous et votre posture s'améliorera, ainsi que votre circulation. Vous vous sentirez plus stimulé, physiquement et mentalement. La pratique de la respiration vous apportera une nouvelle vigueur et un goût redoublé pour la vie.

Introduction

On n'apprend jamais mieux que par soi-même

La respiration est quelque chose de très personnel. Elle est également essentielle à la vie. Ce livre se propose de vous aider à prendre conscience de chacun de ses aspects – son parcours, son volume et son rythme. Lorsque vous les connaîtrez mieux, vous vous rendrez compte du pouvoir dont vous disposez pour améliorer votre santé et votre bien-être général. Comment ? En pratiquant la respiration. Et cette pratique est bénéfique pour tous. Elle n'est pas réservée aux acteurs, aux chanteurs et à ceux qui utilisent leur voix dans la vie professionnelle.

Si vous aimez marcher, nager, faire de la bicyclette ou pratiquer un autre sport, vous améliorerez votre performance en développant vos capacités respiratoires.

De même, si vous constatez que vous vous fatiguez ou que vous vous stressez facilement, vous serez surpris de sentir, grâce aux techniques de respiration, un rapide regain d'énergie et de résistance.

Le fondement de ce programme et des différents exercices est de découvrir comment vous vous sentez personnellement – le but de la respiration consciente étant d'améliorer votre état physique et mental. Qui est mieux placé que vous pour le savoir ? Qui peut mieux juger que vous jusqu'où vous pouvez vous étirer ? Qui sait mieux que vous si vous pouvez faire des changements et quels changements faire dans une certaine situation ? On n'apprend jamais mieux que par soi-même.

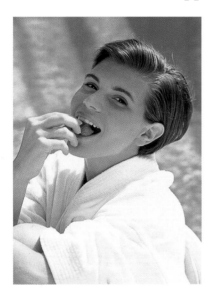

Ce livre vous accompagnera méthodiquement sur le chemin de l'apprentissage et de l'exercice. Vous découvrirez de nombreuses manières de pratiquer la respiration sous toutes ses formes qui vous permettront d'accroître vos propres exigences et de réaliser des progrès continus. Les exercices proposés vous faciliteront la vie quotidienne et vous aideront à faire face à ses défis avec une vitalité renouvelée. Chaque exercice vous permettra de sentir la puissance et la liberté qui caractérisent la respiration et la vie même. Grâce au souffle, vous aborderez chaque journée revivifié – vous respirerez librement et sans contrainte.

1

COMMENT RESPIRER

LIBREMENT

La clé de la bonne santé est le fonctionnement efficace du système cardiovasculaire – cœur, poumons et circulation du sang. Ceux-ci dépendent les uns des autres et fonctionnent de façon si automatique que vous n'y prêtez guère attention. Et pourtant, un élément leur est essentiel à tous – l'air. Pour rester en excellente santé à tout âge, vous devez vous alimenter en oxygène par la respiration, en veillant à ce que l'air circule sans contrainte dans toutes les parties de votre corps. Pour respirer librement, il est indispensable de faire un effort conscient pour maîtriser et pratiquer votre respiration.

CHAPITRE PREMIER

Ce que ce livre peut vous apprendre

La respiration est le secret d'un rajeunissement constant. Mais pour bien l'utiliser et découvrir sa puissance, il est essentiel d'en prendre conscience. La série d'exercices qui suit vous permettra de toujours améliorer votre forme.

La partie la plus vitale de l'apprentissage de la respiration est la prise de conscience de votre propre respiration. Il est également utile d'en comprendre le fonctionnement, de mieux connaître la façon dont elle affecte les différentes parties du corps pour en rendre la pratique plus efficace. Tout ceci est clairement expliqué dans ce livre à l'aide de photographies et d'illustrations.

Les exercices

Ce livre présente dix exercices qui vous feront découvrir la façon dont le souffle circule dans votre corps (p. 38) et vous aideront à le ressentir comme une onde qui se propage en vous (p. 100-105). Cette série d'exercices, qui comportent chacun plusieurs enchaînements, est conçue pour être effectuée dans l'ordre selon lequel ils figurent dans la deuxième partie. Ils commencent tous par une posture de base. Celles-ci sont regroupées au début du livre (p. 20-31) pour que vous puissiez vous y reporter aisément. Les modèles photographiés dans ce livre et qui font la démonstration des postures portent des collants, mais il n'est pas indispensable d'en avoir. Ce dont vous avez besoin pour effectuer les exercices chez vous est indiqué à la page 18, et à la page 33 vous trouverez des suggestions pour vous aider à vous fixer un programme quotidien et à le suivre.

Quand vous commencez à faire les exercices, donnez-vous 10 à 20 minutes par séance et concentrez-vous bien afin de pouvoir apprécier pleinement cette nouvelle expérience de la respiration.

C'est en travaillant dans le calme et la lenteur que vous comprendrez le mieux ces techniques. Elles seront peut-être nouvelles pour vous et vous devrez les pratiquer pour en ressentir les effets bénéfiques. Comptez aussi quelques minutes de repos après chaque séance avant d'aborder vos activités de la journée.

Votre respiration

C'est en découvrant les enchaînements de la série d'exercices que vous apprendrez à bien connaître votre respiration. Passez le temps que vous voulez à les exécuter. Peu importe si cela vous prend des semaines ou des mois pour les maîtriser. Vous réaliserez toujours des progrès. Quand les zones respiratoires auront été ouvertes et que vous en aurez pris conscience, vous respirerez à la demande de votre corps, ce qui est la preuve que vous aurez adopté un nouveau mode de respiration. Ceci est aussi important que les exercices eux-mêmes.

Quand vous respirez à la demande de votre corps, votre conscience fait savoir à votre corps que son état général s'est amélioré. C'est une information positive qui sera bénéfique pour votre mémoire. Vous remarquerez bientôt les enchaînements ou les sections qui vous sont les plus profitables ainsi que l'heure de la journée qui vous convient le mieux. Quand vous aurez constaté un développement de votre capacité respiratoire, vous pourrez décider de faire les exercices régulièrement ou d'établir votre propre programme d'exercices à partir de vos enchaînements préférés.

Il est recommandé de les varier de temps à autre pour pouvoir les exécuter avec plaisir, sans tomber dans la routine.

Votre style de vie

Quand vous aurez pratiqué la respiration grâce à ces exercices, vous en ressentirez les bienfaits dans toutes vos activités quotidiennes. Vous constaterez aussi une amélioration de votre résistance et de votre bien-être. La troisième partie de ce livre vous expliquera comment utiliser les effets bénéfiques de la respiration, depuis le moment du réveil jusqu'au coucher. Il existe des méthodes qui vous aideront à faire face à la tension et aux situations difficiles, que vous soyez seul ou en compagnie. Si vous avez été malade ou avez des problèmes de santé spécifiques, vous devriez peut-être consulter un médecin avant de

PRISE DE CONSCIENCE DE LA RESPIRATION

Inspirez par le nez

Expirez par la bouche

commencer ces exercices. Des petits paragraphes intitulés Attention incluront des remarques concernant les exercices qui sont peut-être déconseillés aux personnes atteintes de certaines maladies. Dès la naissance, vous commencez à respirer et cet acte devient automatique. Pour découvrir le pouvoir de la respiration, la participation du corps est aussi essentielle que celle de l'esprit. Un bébé apprend à faire quelque chose en le pratiquant de façon inconsciente, en le répétant tellement de fois que cela finit par être automatique. Un adulte peut apprendre consciemment une chose tout en en faisant une autre – un acte automatique peut devenir conscient. Ceci est particulièrement vrai quand on apprend quelque chose de nouveau.

Un apprentissage conscient

Quand vous répétez un acte dont vous êtes conscient, vous développez vos sens et devenez plus alerte. Ceci est doublement stimulant – vous réduisez les processus de l'apprentissage parce que vous agissez à la fois de manière mécanique et conscient.

En pensant à un mouvement avant et pendant que vous l'exécutez, vous établissez un lien mental entre le corps et l'esprit. C'est ce qui arrive dans le cas de la respiration consciente. Après l'avoir pratiquée de cette manière pendant un certain temps, cela ne vous prendra plus qu'un instant de concentration – juste le temps d'y penser – pour vous mettre en contact direct avec votre respiration. Plus tôt vous découvrirez à quel point c'est facile, mieux ce sera pour votre bien-être général et votre moi intérieur.

À l'aide de la série de techniques respiratoires que vous apprendrez, vous pourrez vous stimuler mentalement ou vous calmer, et ainsi mieux faire face à la vie quotidienne.

Si vous faites les exercices de manière consciente, cela aura des effets positifs sur votre façon de respirer. Si vous vous concentrez sur ce que vous faites, cela vous évitera de vous exercer trop longtemps, car votre cerveau vous fera savoir que vous n'êtes pas bien.

À l'écoute de votre ressenti

C'est l'action conjointe de votre corps et de votre esprit qui vous permet d'évaluer la façon dont vous vous sentez, l'état dans lequel vous êtes – pour augmenter votre mobilité, votre endurance et votre force.

En répétant de nombreuses fois ces exercices, cette conscience ne vous quittera plus, vous et votre respiration. Vous serez à l'écoute de vous-même.

LA RESPIRATION EST CONTAGIEUSE

Prenez conscience de la façon dont les autres respirent. Si une personne utilise surtout la respiration abdominale, vous serez très rapidement fatigué en sa compagnie. Quelqu'un qui respire surtout par la poitrine vous rendra nerveux et agité et vous finirez peut-être par respirer exactement comme lui. Vous avez tout avantage à adopter un mode de respiration équilibré, en faisant circuler l'air dans chacune des zones respiratoires de votre corps.

Notre façon de respirer

La respiration est une fonction naturelle. Mais l'utilisons-nous de manière optimale? La circulation de l'air dans notre corps requiert un effort conscient de notre part. Certaines connaissances sont également essentielles.

L'air pénètre dans le corps, le long de la trachée, soit par le nez soit par la bouche. Il en ressort également par l'une ou l'autre voie. L'inspiration et l'expiration par le nez sont plus efficaces. Elles sont plus calmes, plus lentes et plus saines quand on est occupé à des tâches quotidiennes qui demandent peu d'efforts. Quand l'air est inspiré par le nez,

• Il est nettoyé, réchauffé et humidifié
• Il prend le temps d'atteindre la trachée, et donc les poumons. Pourtant, une moins grande quantité d'air pénètre dans les poumons de cette manière. Quand vous êtes plus actif – et que vous avez rapidement besoin d'air – il faut respirer par la bouche. Quand l'air est inspiré de cette façon :

• Il circule sur une plus courte distance
• Il rencontre moins de résistance
• Les muscles ont moins de travail à fournir pour stimuler la respiration profonde.

Vous devriez toujours respirer par la bouche quand vous parlez ou chantez parce que les réflexes respiratoires sont plus rapides et plus impulsifs. Si vous inspirez par le nez, une quantité insuffisante d'air pénètre dans le corps. Si vous faites une pause trop longue – pour « rattraper votre souffle » –, le rythme de la parole ou celui du chant est interrompu.

Lorsque vous êtes engagé dans une activité physique nécessitant un effort particulièrement intense (un accouchement par exemple, au cours duquel la mère est essoufflée

ou haletante), la respiration par la bouche sera sans doute plus indiquée. Il faut veiller à ce que les mâchoires ne soient pas contractées, les dents séparées d'au moins la largeur d'un doigt et la langue reposant dans le bas de la cavité buccale. La gorge doit être détendue, de façon à ce que l'on puisse inspirer sans faire de bruit. Quand vous expirez par la voie nasale, celle-ci étant plus étroite et plus longue, l'air met plus de temps à ressortir du corps et la respiration est plus calme. Vous pouvez ralentir encore le souffle en faisant vibrer un son dans la gorge, en gardant les lèvres fermées. L'expiration plus rapide – comme dans le cas du « souffle nettoyant » qui conditionne les poumons pour les exercices suivants, voir p. 36 – se fait par la bouche. Si vous reniflez, au lieu d'inspirer par le nez, vous faites pénétrer l'air plus rapidement dans votre corps; si vous soufflez fortement par le nez l'air déjà respiré, vous le forcez à sortir des poumons, les préparant à l'arrivée d'une nouvelle quantité d'air. Les poumons sont situés dans les zones respiratoires 3 et 4 (voir p. 16 et 17), qui sont protégées par la cage thoracique. Ils sont situés dans un espace vide dont le volume varie en fonction du mouvement du diaphragme, causant leur expansion ou leur contraction.

Beaucoup de gens pensent que l'on devrait « respirer avec l'abdomen » plutôt qu'avec le thorax ou la poitrine.

L'ANATOMIE DU THORAX

Quand vous inspirez, l'air pénètre dans votre corps par le nez (1) ou par la bouche (2) et descend le long de la trachée (3) jusque dans les poumons (4). Tandis que les poumons se remplissent, les côtes (5) sont soulevées par les muscles intercostaux (6) qui les relient, accroissant le volume du thorax. Le diaphragme (7) se contracte et les poumons se remplissent d'air. Le cœur (8) envoie du sang dans les poumons, où il est réoxygéné avant de circuler dans le reste du corps.

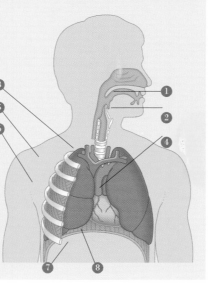

LA RESPIRATION PAR LE THORAX ET L'ABDOMEN

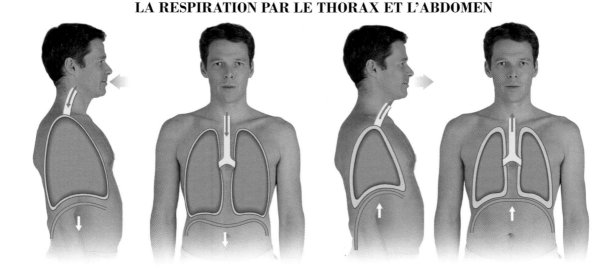

Inspiration
Le diaphragme se contracte

Expiration
Le diaphragme se relâche

Mais ces deux formes de respiration sont inefficaces individuellement – seuls certains des muscles respiratoires et certaines parties des poumons sont impliqués dans l'échange d'oxygène. Le volume du souffle est réduit et l'on doit inspirer plus souvent, ce qui constitue un stress inutile pour le corps.

Un effort conjugué

Pour respirer de manière efficace, il faut associer la respiration abdominale et la respiration thoracique de façon à utiliser au maximum les muscles et le tissu pulmonaire. Il ne suffit pas de gonfler l'estomac en inspirant et de le rentrer en expirant. Dès le début de ce programme d'exercices (voir p. 38), vous apprendrez à sentir votre souffle, une technique qui peut être approfondie, développée et renforcée au cours des enchaînements suivants. Quand vous respirerez de façon équilibrée en utilisant votre diaphragme,

vous en ressentirez les effets dans l'abdomen, le dos et les côtés. Si la poitrine ne bouge pas durant la respiration, cela conduit à l'autre extrême – une respiration uniquement abdominale. L'activité de la poitrine est alors insuffisante ou nulle et l'effort de la respiration repose principalement ou entièrement sur le diaphragme. Dans ce cas, l'air ne pénètre que dans la partie inférieure des poumons, sans atteindre la vaste partie supérieure ni les côtés. Les personnes qui respirent ainsi auront peut-être tendance à être déprimées et à avoir peu d'énergie. Si les muscles intercostaux (voir encart, page ci-contre) ne sont pas suffisamment actifs, la vitalité est réduite et le corps l'exprimera sous forme de fatigue, ou même d'épuisement.

La respiration superficielle

Les personnes soumises à un stress sévère ont souvent une respiration superficielle. Elles inspirent et expirent trop vite, ce

qui accroît la fréquence cardiaque et augmente le stress. Bien des personnes souffrant d'asthme ou de bronchite chronique ont une respiration superficielle et tendent aussi à avoir un diaphragme élevé, si bien que les poumons ne sont pas remplis à leur capacité maximale et que l'activité du tissu pulmonaire en est encore plus réduite. L'air se raréfie, ce qui augmente la fréquence et la gravité des crises d'asthme ou des bronchites.

La voix en dit long

On constate couramment que les gens qui utilisent beaucoup leur voix – mais pas de façon correcte – ont une respiration superficielle.
Ils ont souvent la voix aiguë et tendent à être continuellement essoufflés. Ils sont aussi plus susceptibles d'attraper des rhumes et d'avoir la voix enrouée, ce qui risque de nuire aux cordes vocales.

Les effets de la respiration

*Quand vous respirerez de façon optimale,
vous en sentirez les effets dans toutes les parties de
votre corps. Une bonne respiration a un effet puissant
et positif sur le cœur, la circulation, le système
immunitaire, les organes, les muscles et les articulations.*

Tous les exercices de ce livre sont centrés sur les effets qu'ils ont sur votre respiration. Par le simple fait d'une plus grande prise d'air, vos poumons seront nettoyés et incités à augmenter leur capacité. En stimulant et en tonifiant les muscles respiratoires – le diaphragme et les muscles intercostaux – vos organes, votre cœur et votre circulation acquerront une nouvelle vitalité. Ces exercices sont conçus pour vous faire ressentir peu à peu une amélioration des fonctions de tous les organes de votre corps. Par l'intermédiaire du sang, la respiration apportera aux muscles l'oxygène qui leur est indispensable, les tonifiera et les renforcera, développant ainsi votre mobilité.

Chaque exercice comporte des enchaînements destinés à améliorer votre posture et votre mobilité, et essentiels pour développer une respiration optimale. Au début, vous y parviendrez en effectuant les exercices selon l'ordre où ils apparaissent dans ce livre, et par la suite, lorsque vous aurez plus de pratique, selon un programme que vous vous fixerez vous-même et qui fera partie de vos activités régulières.

À mesure que vous ferez ces exercices, votre respiration, votre posture et votre mobilité s'influenceront mutuellement, et vous progresserez sur tous les fronts. Votre capacité de concentration progressera aussi parce que, durant ces enchaînements, vous prendrez conscience de tous les mouvements, à l'intérieur comme à l'extérieur de votre corps. En fait, la capacité de respiration liée à une grande concentration vous aidera à développer votre conscience. Avec la pratique, vous apprendrez à vous « connecter » plus facilement quand vous aurez besoin de vous concentrer, et à vous « déconnecter » complètement quand vous aurez envie de vous détendre.

Repérer ses zones respiratoires

Ce sont les parties du corps pourvues de membranes « élastiques » qui leur permettent d'être affectées par le mouvement de la respiration. Inspirez et leur volume augmente, expirez et leur volume diminue. Plus vous les exercerez, mieux elles fonctionneront.

ZONE RESPIRATOIRE 4
Latérale
Les côtes,
du bord des aisselles
au niveau
du diaphragme

ZONE RESPIRATOIRE 2
Gauche et droite
du bas de la cage
thoracique à l'os
de la hanche

LES ZONES RESPIRATOIRES DU CORPS

ZONE RESPIRATOIRE 3
Antérieure
cage thoracique frontale,
côtes frontales,
sternum, clavicules

ZONE RESPIRATOIRE 3
Postérieures
cage thoracique dorsale, épaules,
colonne dorsale (entre la colonne
cervicale et la colonne lombaire)

ZONE RESPIRATOIRE 1
Frontale
région abdominale,
du bas du
sternum et des côtes frontales
au bas du bassin

ZONE RESPIRATOIRE 1
Dorsale
bas du dos (colonne lombaire) :
du bas de la colonne
dorsale (à la base du
diaphragme)
et des côtes dorsales
au bas du bassin
et du sacrum

Un apprentissage efficace

Prendre l'habitude de faire des exercices régulièrement est la meilleure façon de développer vitalité, équilibre et harmonie. Pour en tirer un maximum de bienfaits, il est essentiel de se fixer un programme quotidien d'exercices à partir duquel on peut établir un programme dans la durée.

Quand, grâce aux exercices, vous aurez découvert le pouvoir de la respiration, vous vous sentirez nettement mieux. Peut-être parce que votre respiration, devenant moins superficielle, réduira votre hyperactivité, ou devenant plus efficace, vous rendra plus vif. En apprenant à respirer correctement, vous atteindrez un équilibre et une harmonie qui amélioreront progressivement vos capacités physiques et mentales – et vous apporteront une nouvelle vitalité. Dans ce livre, vous découvrirez deux types d'exercices fondamentaux. Les premiers, basés sur le ressenti, font appel à la respiration pour développer le calme et l'énergie nécessaires à la vie quotidienne. Ce sont des exercices simples qui vous stimuleront aussitôt, vous rendront plus éveillé et vous aideront à éliminer la tension ou à faire face à la fatigue. Ces exercices se trouvent dans la troisième partie de ce livre (p. 106-125). Quant au deuxième type d'exercices, présentés dans la deuxième partie (p. 38-105), ce sont des exercices de renforcement. Ils sont censés être exécutés dans la durée. Les deux premiers exposent de nouvelles façons de respirer et les huit autres vous aident à développer vos capacités respiratoires. Ces exercices présentent un défi, ouvrent de nouvelles possibilités et garantissent des progrès par étapes. Dans les quelques pages qui suivent, vous trouverez les postures de base – en position debout, assise ou

allongée – vous introduisant à l'apprentissage de la respiration. Ces techniques vous seront très utiles dans la vie quotidienne – par exemple quand vous êtes obligé de rester debout ou assis longtemps. Ce sont aussi les postures initiales des 10 exercices de renforcement qui vous aideront à connaître votre corps.

Conditions Les exercices vous concernent personnellement. Vous les faites chez vous, dans le silence

ÉVALUATION PERSONNELLE

Posez-vous les questions suivantes :
- *Est-ce que je me sens alerte ou fatigué ?*
- *Est-ce que je sens ma respiration ?*
- *Comment est-ce que je respire ?*
- *Est-ce que je peux sentir mon souffle dans toutes les parties de mon corps ?*
- *Ma posture est-elle correcte ou non ?*
- *Mes muscles sont-ils tendus ?*

Lorsque vous aurez pris conscience de la façon dont votre esprit et votre corps fonctionnent et bien ressenti ce qui doit être amélioré, vous vous échaufferez un peu avant de commencer les exercices. Vous pourrez alors démarrer votre programme d'apprentissage personnel.

et le calme, à l'heure qui vous convient.

Les habits Les modèles qui font la démonstration des postures portent des habits de sport. Mais vous pouvez porter les habits de votre choix, à condition qu'ils soient larges. Ne portez pas de pantalons à taille serrée, mais des habits – ou même des pyjamas – confortables et chauds. Il est très important de ne pas avoir froid, surtout quand vous faites les exercices lents. Si vous commencez à transpirer quand les exercices sont plus rapides, c'est normal. Évitez seulement qu'il y ait des courants d'air dans la pièce.

Le lieu Choisissez une pièce chauffée et suffisamment spacieuse. Prenez tout ce dont vous avez besoin avant de commencer de façon à ne pas être interrompu dans vos exercices pour aller chercher quelque chose que vous auriez oublié.

L'équipement Pour les exercices en position allongée, mettez sur le plancher quelque chose qui isole le dos du sol et le soutient légèrement. Un tapis de gymnastique est idéal, mais une couverture ou un tapis épais conviendront également. Il ne serait pas confortable de faire les exercices en position allongée à même le plancher. Pour assurer le confort des parties du corps les plus vulnérables – tête, cou, épaules ou jambes –, utilisez si vous le désirez des coussins mous ou une serviette de toilette roulée.

Pour les exercices assis, choisissez une chaise ou un tabouret ayant un siège assez dur (un siège mou ou à ressorts ne convient pas). La hauteur du siège doit correspondre à la longueur de votre jambe (de la plante du pied au genou quand le pied est à plat sur le plancher). Celui-ci pourrait être un peu plus bas, mais pas plus haut.

L'air frais L'air frais, riche en oxygène, est l'aliment le plus important de votre corps. Vous ne pouvez vous en passer que pendant un court instant. Aérez bien la pièce avant de commencer – ouvrez les fenêtres, vérifiez qu'il y a assez d'humidité (servez-vous d'un humidificateur si le chauffage est allumé). Évitez les courants d'air, et si la fenêtre est ouverte, veillez à ce que la porte soit bien fermée.

Calme et silence Pendant que vous faites les exercices de respiration, évitez toute source de bruit inutile qui nuirait à votre concentration. Branchez votre répondeur téléphonique ou réduisez le volume de sa sonnerie pour ne pas être interrompu durant la séance.

Le temps Donnez-vous entre 10 et 20 minutes par jour au début, durée que vous pourrez augmenter par la suite quand vous connaîtrez bien les exercices.

Pour finir une séance Quand vous avez terminé les exercices de la journée, essayez de noter tous les jours les changements que vous remarquez, même s'ils semblent insignifiants.

Remettez-vous lentement en position assise, restez-y un instant et faites quelques respirations lentes. Vous visez à modifier votre respiration, votre posture et votre tonus musculaire.

Mettez-vous debout très lentement et essayez de voir une fois de plus si vous ressentez une différence.

À VÉRIFIER

Avant de commencer
- *Bien aérer la pièce*
- *Porter des habits larges et confortables*
- *Rassembler tout ce dont on a besoin*
- *Choisir l'heure correcte*
- *Ne pas faire les exercices après un repas*
- *Éliminer les sources de bruit.*

La séance d'exercices
- *S'échauffer (p. 37)*
- *Être très attentif à ce que l'on ressent*
- *Se concentrer*
- *Être déterminé à continuer*
- *Se fixer une durée d'exercices et des objectifs raisonnables*
- *Noter les changements ressentis.*

Après les exercices
Vous devriez vous sentir bien et stimulé. Si vous êtes fatigué, c'est sans doute parce que vous n'avez pas choisi le bon moment de la journée ou que la séance d'exercices était trop longue. Modifiez votre programme.

Les postures de base

Vous retrouverez tout au long de ce livre les postures décrites dans ce chapitre. Familiarisez-vous donc avec elles avant de commencer. Ces postures forment la base des exercices et des enchaînements de la deuxième partie. Elles sont regroupées ici de façon à ce que vous puissiez vous y reporter facilement.

POSTURES DEBOUT

Posture de base

1 *Tenez-vous debout, la plante des pieds – talons, métatarses et orteils – à plat sur le plancher. Le poids du corps devrait être réparti également sur la plante des pieds.*

2 *Gardez les genoux légèrement fléchis. S'ils sont trop tendus ou trop fléchis, cela peut être mauvais pour la colonne vertébrale et le bassin. Si ces deux dernières positions sont conseillées au cours d'un exercice, c'est parce que votre corps sera alors suffisamment échauffé.*

3 *Gardez le bassin bien d'aplomb, ne le penchez ni en avant ni en arrière. Vérifiez qu'il est correctement placé en posant les mains, paumes vers le bas, sur le bas de la colonne vertébrale et du pubis. Déplacez-le jusqu'à ce qu'il se trouve dans une position confortable. Cette position peut varier au cours des exercices.*

4 *La colonne vertébrale a une courbe naturelle en forme d'S. Étirez-la légèrement depuis la base jusqu'à la nuque. Le cou aussi sera automatiquement étiré. Gardez les épaules bien larges et décontractées, les bras pendants et détendus.*

Règle à suivre : Quand vous respirez en position debout, vous devez sentir le mouvement de la respiration dans le bassin. Le poids du corps repose sur le centre de gravité, situé un peu au-dessous du nombril.

LA POSTURE DE BASE
a un effet sur votre posture.

À l'aide de la respiration, vous apprendrez graduellement à adopter une bonne posture debout en rectifiant la position de vos os et en équilibrant et renforçant vos muscles. Votre posture affecte votre bassin et vous devez veiller à ce qu'elle vous semble naturelle même lorsque vous changez de position. Ne la modifiez pas en contractant les muscles de l'estomac, des hanches et des fesses, cela entraînerait une diminution de l'activité respiratoire dans la région abdominale. Modifiez-la en équilibrant votre poids sur les plantes de pied.

Posture à socle large

1 *Mettez-vous debout, les pieds écartés de la largeur du bassin, ou même plus écartés encore, et les genoux légèrement fléchis. Vous devriez être détendu et ne sentir aucun effort dans le dos, les épaules ou le cou.*

2 *Gardez les pieds parallèles, sans que les orteils soient tournés vers l'intérieur ni l'extérieur. Laissez les bras pendre sur les côtés, détendus.*

Règle à suivre : Le poids du corps devrait porter également sur les deux pieds. Pour vérifier que c'est bien le cas, déplacez le poids d'un pied sur l'autre sans soulever la plante des pieds jusqu'à ce que vous sentiez qu'il est également réparti.

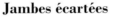

LA POSTURE À SOCLE LARGE
a un effet sur l'équilibre.

Si vous êtes bien installé et détendu, vous pouvez rester quelque temps dans cette position. Le poids repose sur les deux pieds, ce qui vous donne une certaine sécurité.

Jambes écartées

1 *Cette posture est semblable à la posture ci-dessus, à la différence que les pieds sont bien plus écartés, tournés vers l'extérieur, et que les genoux sont légèrement plus fléchis.*

2 *Gardez les pieds aussi écartés que possible, mais en restant à l'aise et sans faire d'effort. Posez les mains sur les cuisses.*

Règle à suivre : Trouvez la position qui vous convient. Celle-ci variera peut-être beaucoup d'une personne à l'autre, et selon la forme dans laquelle on est. Évitez de vous tenir sur toute surface sur laquelle vous risqueriez de glisser.

LA POSTURE JAMBES ÉCARTÉES
a un effet sur l'équilibre.

La bonne répartition du poids du corps sur les plantes de pied donne de la stabilité.

Le Cavalier

1 *Cette posture est semblable à la posture précédente (p. 21), mais les genoux sont plus fléchis, sans pourtant que les talons ne soient soulevés. Les plantes de pied sont à plat sur le plancher et le poids du corps repose sur les deux pieds.*

2 *Gardez le tronc droit, ni arrondi ni creux, les coudes posés sur les genoux. Dans cette posture, il vous sera facile de sentir le mouvement de votre souffle.*

Règle à suivre : Imaginez que vous êtes un cavalier montant un cheval vers le poteau d'arrivée. Vos fesses sont levées au-dessus de la selle, la partie supérieure de votre corps est dans l'alignement du cou du cheval. Vous exécuterez cette posture plus facilement si vous la pratiquez quotidiennement.

LA POSTURE DU CAVALIER a un effet sur les muscles des jambes, des fesses et des hanches.

Au début, cela vous demandera peut-être un effort de rester longtemps dans cette position, mais vous vous rendrez compte de vos progrès chaque fois que vous ferez l'exercice.

Le Cocher sans siège

1 *Prenez la posture du Cavalier, mais fléchissez un peu plus les genoux et posez les avant-bras sur les cuisses. Les coudes doivent pointer vers l'extérieur, la poitrine rester ouverte et les épaules être larges.*

2 *Restez un moment dans cette position, en respirant calmement. La tête est tournée vers le plancher et vous inspirez lentement par le nez.*

Règle à suivre : Vérifiez que le poids de votre corps repose sur les plantes de pied. Sentez bien votre respiration dans la zone respiratoire 1 (voir explication p. 17).

LA POSTURE DU COCHER SANS SIÈGE a un effet sur la résistance et les émotions.

Elle vous aide à retrouver votre souffle pendant ou après une séance de sport ou des exercices fatigants. Elle vous calmera si votre respiration devient superficielle pendant une phase de stress ou d'excitation.

POSTURE ACCROUPIE

Accouchement

1 *Mettez-vous en position accroupie, très bas, les pieds écartés de plus de la largeur du bassin. Vous préférerez peut-être placer les plantes de pied à plat sur le plancher, mais si vous ne le pouvez pas, cela n'a pas d'importance. Il suffit de se tenir sur les métatarses, talons légèrement soulevés.*

2 *Si au début, il vous est difficile de trouver votre équilibre, prenez appui sur le siège d'une chaise. Déplacez-vous légèrement en arrière pendant l'inspiration en posant les talons sur le plancher. Faites cela jusqu'à ce que vous puissiez retirer les mains de la chaise. Inspirez et expirez plusieurs fois et relevez-vous dès que vous ne vous sentez plus à l'aise.*

Règle à suivre : Sentez-vous suffisamment détendu pour pouvoir tenir une conversation.

LA POSTURE DE L'ACCOUCHEMENT
a un effet sur les émotions, elle calme et stabilise.

Il n'est pas nécessaire d'exécuter cette posture souvent, mais lorsque vous la faites, votre souffle circule rapidement dans le bas de votre corps et active les organes de la région abdominale inférieure.

POSTURES À GENOUX

▶

Le Sphinx

1 *Agenouillez-vous sur un tapis ou un coussin, placez les cous-de-pied à plat sur le plancher et asseyez-vous sur les talons. Votre tronc doit être droit.*

2 *Placez les mains sur les cuisses. Si vous sentez que vos cous-de-pied ou vos genoux sont tendus, placez un coussin entre vos talons et vos fesses. Respirez régulièrement.*

Règle à suivre : Dans cette posture, votre corps tout entier devrait se sentir très détendu. Gardez à portée de main les coussins qui vous aident à vous sentir bien installé, car c'est une excellente posture à prendre quand vous voulez vous reposer entre deux exercices.

LA POSTURE DU SPHINX
a un effet sur l'équilibre.

Le poids du corps ne repose jamais uniquement sur les genoux, mais sur le milieu du corps. En position agenouillée, le souffle circule dans le bassin.

Flexion avant

1 *Asseyez-vous sur les talons, penchez le tronc en avant et reposez-le sur les cuisses. Posez le front sur le plancher si vous le désirez.*

2 *Laissez les bras reposer sur les côtés ou devant vous, ou croisez-les devant vous en les attrapant par les coudes et en les plaçant sous le front. Essayez toutes ces positions jusqu'à ce que vous trouviez la plus confortable.*

Règle à suivre : Sentez-vous très détendu. La flexion avant est une bonne posture de repos à exécuter entre les exercices.

> **LA POSTURE
> DE FLEXION AVANT**
> a un effet sur les zones respiratoires.
>
> *Si vos bras reposent sur les côtés, le souffle de la zone respiratoire 1 est stimulé. S'ils sont devant vous, les zones respiratoires 1 et 4 sont stimulées (voir p. 16-17).*

À quatre pattes

1 *Les genoux écartés de la largeur du bassin, agenouillez-vous sur un tapis ou un coussin. Penchez le tronc en avant en mettant les mains sur le plancher, au niveau des épaules, les mains sont tournées vers l'avant. Gardez le dos droit, ni creux ni arrondi.*

2 *Gardez la tête dans l'alignement de la colonne vertébrale et vérifiez que le poids du corps est également réparti entre les genoux et les mains.*

3 *Expirez et rentrez le ventre, puis inspirez en le relâchant. Faites cela rapidement quatre fois de suite.*

4 *Gardez le dos et la tête droits. Expirez et faites porter le poids du corps sur la main droite et le genou gauche. En inspirant, déplacez votre poids de façon à ce qu'il soit porté également par les mains et les genoux. Expirez et soulevez légèrement du plancher la main droite et le genou gauche.*

5 *Inspirez et faites à nouveau porter le poids du corps sur les mains et les genoux. Expirez et déplacez votre poids sur la main gauche et le genou droit. Déplacez votre poids plusieurs fois de cette manière en passant alternativement d'un côté à l'autre.*

Règle à suivre : Le déplacement du poids en diagonale développe la stabilité.

> **LA POSTURE
> À QUATRE PATTES**
> a un effet sur le niveau d'énergie et l'équilibre.
>
> *Cet exercice vous redonne de la vitalité lorsque vous êtes fatigué. Il stabilise et fait travailler les muscles du dos et développe le sens de l'équilibre (voir p. 16-17).*

POSTURES ASSISES

Posture royale

1 Asseyez-vous sur une chaise, les jambes devant vous, écartées de la largeur du bassin et les plantes de pied bien à plat sur le plancher. Placez les mains au milieu des cuisses.

2 Déplacez le poids de votre corps d'une fesse sur l'autre en bougeant légèrement jusqu'à ce que vous puissiez sentir une certaine résistance dans vos ischions. Balancez votre poids sur les ischions jusqu'à ce que vous vous sentiez bien. Déplacez-vous d'avant en arrière, en faisant pivoter le bassin sur les fesses.

3 Dès que vous sentez le flux d'énergie remonter des plantes de pied jusqu'aux mollets, puis aux cuisses, étirez le tronc un peu plus à chaque inspiration en prenant appui sur les talons. Inspirez à nouveau et sentez le flux d'énergie remonter le long de la colonne vertébrale.

4 À chaque respiration, le flux d'énergie remonte le long de votre corps – du bassin au milieu de la colonne vertébrale, puis à son sommet. À chaque inspiration, étirez un peu plus le tronc. Répétez cet exercice un maximum de cinq fois jusqu'à ce que vous ayez le dos parfaitement droit. Détendez les épaules.

Règle à suivre : Trouvez la bonne posture pour que le poids de votre corps repose sur le bassin. Ce qui veut dire que, par la suite, le reste du tronc, la poitrine, les épaules et le cou s'aligneront automatiquement.

Attention : Une fois que vous aurez trouvé la bonne position, ne vous forcez pas à la conserver. Le bassin devra encore conserver une certaine mobilité. Cela sera plus facile si vous prenez appui sur les jambes et les pieds qui jouent un rôle important dans la Posture royale.

LA POSTURE ROYALE
**a un effet sur la posture
et le bien-être.**

Cette posture – dos détendu et bien droit – permet au souffle de circuler librement dans toutes les zones respiratoires. Chaque respiration vous stimulera – de la base de la colonne vertébrale jusqu'à la ligne d'implantation des cheveux. Vous vous sentirez alerte et équilibré, capable de penser et d'agir calmement.

Le Cocher assis

1 *Asseyez-vous dans la Posture royale, mais les jambes un peu plus écartées.*

2 *Penchez le tronc en avant et placez les coudes sur les cuisses, légèrement au-dessus des genoux. Ne faites pas du tout reposer le poids du corps sur les coudes, mais sur le milieu du corps qui prend lui-même appui sur les jambes. La colonne vertébrale et le cou doivent rester étirés pendant que vous inspirez et expirez.*

Règle à suivre : Sentez votre souffle se propager jusqu'à la base de votre colonne vertébrale quand vous inspirez. Pour le sentir encore mieux, appuyez la base de votre colonne vertébrale sur le siège et dirigez votre inspiration vers votre colonne lombaire.

LA POSTURE DU COCHER ASSIS a un effet sur la colonne vertébrale et la paroi abdominale et régénère votre colonne lombaire.

Si vous passez beaucoup de temps assis, faites cet exercice pour vérifier que l'oxygène parvient à la colonne vertébrale.

Posture en tailleur

1 Asseyez-vous sur le plancher avec les jambes en tailleur, le poids du corps reposant fermement sur le plancher. Il n'est pas nécessaire de toucher le plancher avec les genoux – seules les personnes très souples y parviennent.

2 Placez les mains sur les genoux pour y sentir une certaine résistance et inspirez profondément. Faites une pause, puis expirez profondément. Continuez ainsi jusqu'à ce que vos genoux soient aussi écartés que possible sans causer de tension dans l'aine – ce qui diminuerait le flux de votre souffle.

Remarque : Si vous ne trouvez pas cette position confortable, essayez de placer les plantes de pied l'une contre l'autre, genoux écartés.

LA POSTURE EN TAILLEUR a un effet sur les muscles de l'aine et de l'intérieur de la cuisse.

Cette posture est une posture de repos conseillée après les exercices, elle permet d'établir un rythme respiratoire régulier.

Règle à suivre : Dans cette posture, le bassin est grand ouvert et le souffle circule librement jusqu'au bas du dos.

Le Penseur

1 Asseyez-vous sur le plancher, jambes écartées, le dos légèrement arrondi, le poids du corps reposant sur le bassin.

2 Appuyez les bras sur les genoux et respirez librement et régulièrement.

Règle à suivre : Devenir calme et détendu de façon à pouvoir penser plus clairement et améliorer sa concentration.

LA POSTURE DU PENSEUR a un effet sur le bien-être général.

Elle est conseillée à la fin de certains des exercices assis ou allongés et apporte le calme.

POSTURES ALLONGÉES

Le Cadavre

1 *Allongez-vous sur le dos, genoux et pieds détendus et mains sur les côtés. C'est la posture initiale de plusieurs exercices et c'est aussi une bonne posture de repos.*

2 *Si vous sentez trop de tension dans votre cou, mettez-vous, pour plus de confort, un petit coussin sous la tête ou une serviette roulée sous le cou. Inspirez et expirez régulièrement.*

Règle à suivre : Se sentir très détendu, sans tension dans aucune partie du corps.

Remarque : Il n'est pas conseillé de trop étirer les jambes. Cela risquerait de causer des crampes dans les jambes et les pieds, et de la tension dans la région lombaire, particulièrement sensible chez toutes les personnes qui ont des occupations sédentaires.

LA POSTURE DU CADAVRE a un effet sur le sentiment de bien-être.

La détente et l'absence de toute tension sont indispensables au sommeil.

La Dune

1 *Allongez-vous sur le dos, les genoux fléchis écartés de la largeur du bassin, la plante des pieds reposant à plat sur le plancher. Dans cette posture, le bassin se soulèvera un peu, soulageant la colonne lombaire qui se rapprochera automatiquement du plancher. Ceci permet au diaphragme de remplir les zones respiratoires dorsales, créant un espace dans la zone respiratoire 1 (voir p. 17) que vous devriez sentir.*

2 *Placez les bras sur les côtés, légèrement écartés du corps. Abaissez la colonne vertébrale à chaque expiration – imaginez que vous vous enfoncez dans le plancher comme si vous étiez étendu sur du sable mou. Ceci stimule la respiration dorsale. On peut faciliter ce léger mouvement du bassin et de la colonne vertébrale en appuyant un peu les talons sur le plancher. Veillez à ce qu'il n'y ait pas de tension supplémentaire dans l'abdomen quand vous expirez.*

3 *Posez les mains sur la partie supérieure de l'abdomen pour vérifier que, quand vous respirez, elle se soulève et s'abaisse sans être forcée.*

Règle à suivre : Utilisez cette posture pour vous échauffer avant les exercices et pour vous relaxer entre les exercices.

LA POSTURE DE LA DUNE a un effet sur la partie inférieure du dos.

C'est une posture de repos pour la colonne lombaire.

Le Paquet

1 *Allongez-vous sur le dos et, à l'aide des mains, amenez les genoux vers la poitrine. Les coudes doivent être juste assez éloignés du corps pour que les épaules soient détendues.*

2 *Veillez à ce que votre tête et votre cou soient bien installés, sans aucune tension. Appuyez-vous sur un coussin ou une serviette si besoin est.*

3 *Expirez et ramenez les jambes près de la poitrine. Inspirez et replacez les jambes à leur position initiale, sans retirer les mains des genoux. Répétez ce mouvement plusieurs fois et sentez bien le léger étirement du dos. Puis inspirez et expirez à nouveau en gardant une certaine distance entre les jambes et la poitrine qui vous semble confortable. C'est une position de repos.*

LA POSTURE DU PAQUET
a un effet sur tous les muscles du dos, surtout ceux de sa partie inférieure.

Elle donne plus d'espace aux disques de la colonne vertébrale et soulage la tension.
C'est une posture de détente conseillée après les exercices ou après un travail des muscles du dos.

Règle à suivre : Gardez les coudes loin du corps, sinon vous restreindrez la respiration au niveau du diaphragme – zone respiratoire 4. Si vous gardez les coudes près du corps, vous aurez tendance à arrondir le dos.

UNE AUTRE POSTURE

L'exercice vous semblera peut-être plus facile si vous ne tenez pas vos genoux. Dans ce cas, veillez à ce que vos bras ne soient pas trop rapprochés du corps de façon à ce qu'ils vous maintiennent en équilibre. Quand vous déplacez les genoux vers la poitrine, vous pouvez trouver la position la plus confortable pour vos bras.

LA PRESSION DES PIEDS

Dans les exercices, on vous demandera parfois d'exercer de la pression sur un pied ou sur les deux pour prendre appui. Il suffit simplement d'appliquer assez de poids sur la plante d'un pied ou des deux pieds pour que vous sentiez la pression se déplacer doucement des pieds vers les jambes, puis vers le bassin et le tronc. Il faut s'entraîner plusieurs fois (en suivant la description de la Posture royale, p. 25) pour savoir exactement comment doser la pression. Si elle est trop forte, les jambes et la partie inférieure de l'abdomen seront tendues. Si elle est correcte – sur les plantes de pied et non sur les métatarses – vous aurez l'impression d'être « porté ». La pression devrait varier selon la tension des muscles. Au cours de vos exercices quotidiens, vous remarquerez nettement ces changements et vous apprendrez rapidement à déplacer les talons, les métatarses et les orteils afin de doser la pression.

Enroulement
de la colonne vertébrale

Cette technique concerne l'ouverture de la colonne vertébrale – vertèbre après vertèbre – dans le but de la rendre mobile et souple.

Cet exercice, qui vise à étirer les muscles du dos, est à faire avec lenteur et douceur. Veillez à ne pas vous contracter.

Les étapes indiquées ci-dessous indiquent comment enrouler la colonne vertébrale à partir des premières vertèbres cervicales, en descendant vers les vertèbres dorsales et lombaires. Ensuite, d'une position totalement fléchie, déroulez la colonne vertébrale en la remontant à partir du sacrum. Lisez l'encart sur l'anatomie de la colonne vertébrale (à droite) et, tandis que vous expirez lentement, imaginez le nombre de vertèbres se trouvant dans la section que vous déroulez.

1 *Tenez-vous dans la posture de base, jambes légèrement fléchies et pieds écartés de la largeur du bassin. Expirez trois fois et commencez à enrouler la colonne vertébrale.*

2 *Penchez le corps un peu plus en avant, puis en expirant lentement, enroulez le haut de la colonne vertébrale. Laissez les bras pendre, détendus.*

3 *Faites l'exercice lentement, en adaptant le mouvement d'enroulement au rythme de votre respiration. Après avoir enroulé le haut de la colonne vertébrale, inspirez.*

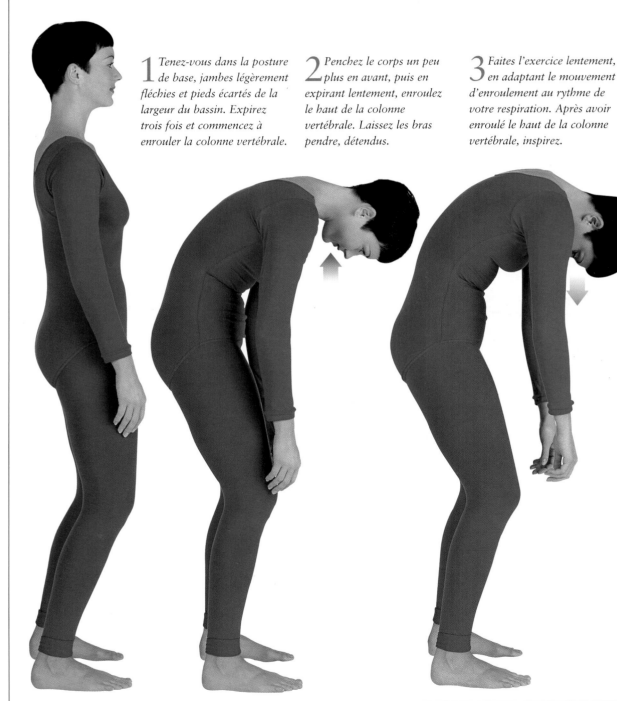

L'ENROULEMENT DES VERTÈBRES
est un excellent exercice.

Vous pouvez vous concentrer sur celles d'entre elles qui sont tendues. Il améliorera la circulation vers votre colonne vertébrale.

L'ANATOMIE DE LA COLONNE VERTÉBRALE

La colonne vertébrale est un ensemble d'os et de liquide céphalo-rachidien qui soutient le corps et permet un grand nombre de mouvements. Les vertèbres qui la constituent se divisent en quatre groupes.
Colonne cervicale. *Sept vertèbres – les plus petites, celles du cou.*
Colonne dorsale. *Douze vertèbres formant la partie supérieure du dos et liées aux douze paires de côtes.*
Colonne lombaire. *Cinq vertèbres – les plus grandes, qui soutiennent la plus grande part du poids du corps.*
Dans ces trois sections, chaque vertèbre est séparée des vertèbres voisines par un disque qui absorbe les chocs.
Sacrum et coccyx. *L'extrémité de la colonne vertébrale, dans laquelle les vertèbres sont soudées.*

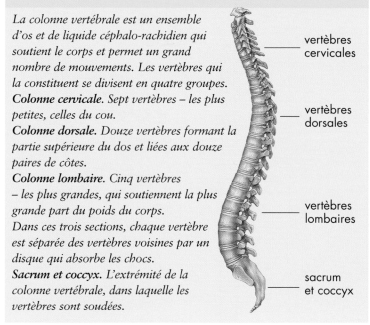

vertèbres cervicales

vertèbres dorsales

vertèbres lombaires

sacrum et coccyx

4 *Quand vous vous sentez prêt à continuer, expirez et continuez à courber le corps jusqu'à ce que chaque partie de la colonne vertébrale ait été étirée.*

5 *Maintenant relevez-vous en faisant le mouvement inverse de déroulement. Faites cet exercice tous les jours, deux ou trois fois, lentement puis rapidement.*

À propos des exercices

Chacun des exercices de ce livre vise à améliorer votre respiration. Il vous apprend à la suivre pour que vous puissiez inspirer et expirer sans gâcher aucune énergie. À force de répétition, vous la pratiquerez d'une manière qui ne tardera pas à vous sembler tout à fait naturelle.

Tous les mouvements que vous effectuez chaque jour sont devenus automatiques par l'apprentissage. Quand vous marchez, vous n'avez pas besoin de penser avant de mettre un pied devant l'autre. Si vous deviez vous concentrer sur tous les actes et gestes de votre vie quotidienne, vous seriez épuisé.

Les actes automatiques – résultant d'une bonne pratique – vous facilitent la vie. Les nouvelles sensations que vous éprouverez quand vous commencerez à améliorer votre technique de respiration grâce à ces exercices vous ouvriront de nouvelles perspectives sur des gestes que vous aviez auparavant considérés comme naturels.

C'est au cours de la première année de notre vie que nous apprenons la plupart des actes les plus élémentaires. Prenons par exemple le geste effectué pour toucher un objet.

Au début, le bébé manque de peu l'objet qu'il veut atteindre.

Il poursuit ses efforts par l'action conjuguée de ses muscles et de ses nerfs. À chaque nouvelle tentative, son cerveau enregistre ce qui se passe, c'est une expérience dont il garde la mémoire.

La même chose se produit lorsqu'un bébé apprend à saisir.

Il commence par prendre conscience de l'objet désiré, puis en faisant intervenir de nombreux groupes de muscles, il étend le bras jusqu'à ce qu'il parvienne à atteindre l'objet. De même, chaque fois que vous exercerez certains muscles dans un but précis, vous trouverez le mouvement plus facile à effectuer. Plus un bébé aura l'occasion de répéter un geste, plus il réussira à le faire vite et parfaitement, et plus il développera sa confiance en lui. Les muscles agiront alors automatiquement, lui permettant de se concentrer sur les étapes suivantes de l'apprentissage et de progresser.

C'est là un exemple simple d'une étape du développement chez l'homme. L'expérience peut toujours être élargie.

Les études menées sur plusieurs années montrent que l'apprentissage et la pratique d'actions élémentaires sont très stimulants pour le cerveau.

Les enfants que l'on encourage à apprendre et à pratiquer ce qu'ils ont appris ont plus de vivacité et de facilité que ceux qui ne sont pas stimulés mentalement.

Suivons donc l'exemple des artistes – le terme étant pris au sens le plus large –, de ceux qui connaissent bien leur profession, ne cessent jamais de s'améliorer et sont toujours prêts à apprendre quelque chose de nouveau.

C'est là le secret de la vitalité.

PROGRAMMER SES MUSCLES

L'exécution du mouvement est un acte conscient – c'est-à-dire accompagné par la pensée. Quand vous imaginez un certain mouvement, la tonicité du muscle est alors préprogrammée par le cerveau et le système nerveux. Il est alors plus facile à exécuter.

Faites l'expérience suivante. Asseyez-vous à une table, posez les avant-bras sur cette table, paumes des mains sur sa surface. Quand vous sentez que vos deux bras sont bien installés, imaginez que vous levez l'avant-bras droit, mais ne le bougez pas. Imaginez que vous le levez trois ou quatre fois. Puis levez-le brièvement et reposez-le sur la table.

Levez immédiatement le bras gauche sans imaginer au préalable que vous le levez, et reposez-le. Rien qu'en effectuant un mouvement aussi petit que celui-ci, vous remarquerez la différence de poids que vous soulevez. Le bras droit vous semblera plus léger que le bras gauche. Il en sera de même pour les exercices. Vous aurez avantage à y penser avant de les effectuer. Quand vous les ferez, vous remarquerez la différence.

Se fixer un programme

Comme la plupart des choses qui vous sont bénéfiques, l'apprentissage de la respiration requiert du temps et des efforts. Vous en constaterez les résultats plus rapidement lorsque vous vous serez fixé un programme, qui fera partie de votre emploi du temps, et y adhérerez.

C'est à vous de décider le temps que vous passerez à faire les exercices. Cela dépend beaucoup de votre capacité de concentration.

Il est également important que vous aimiez faire ces exercices et que vous vous y intéressiez, sinon vous n'obtiendrez pas de résultat. Une séance devrait durer un minimum de 5 minutes et ne pas dépasser 30 minutes sans pause, y compris le temps d'échauffement. Le temps indiqué pour un exercice est le temps moyen qu'il vous prendra une fois que vous le connaîtrez bien.

Selon les exercices choisis pour la séance de la journée – que ce soit un exercice entier ou quelques enchaînements –, il est essentiel que vous suiviez bien votre respiration et ses mouvements. Votre respiration vous est très personnelle. Vous ressentirez quelque chose de nouveau chaque jour au cours de cet apprentissage. Votre respiration se développera et gagnera en calme, vitalité et force.

Essayez de faire les exercices tous les jours à la même heure de façon à ce que cela devienne une habitude.

Si vous les faites le matin, vous remarquerez vite que vous passerez une meilleure journée. Si vous les faites le soir, vous constaterez une augmentation d'énergie. Essayez de choisir une heure de la journée qui rassemble toutes les conditions énoncées – heure, air, calme, absence d'interruptions (voir p. 18-19). Certaines personnes sont plus alertes et prêtes à s'exercer le matin. Mais si vous êtes débordé dans la matinée, choisissez la fin de l'après-midi ou l'heure où vous revenez du travail.

Vous ressentirez vite un regain d'énergie et apprécierez le reste de la journée au lieu de vous sentir fatigué et incapable de faire autre chose que ce qui est absolument essentiel.

Certaines personnes préféreront peut-être faire deux courtes séances d'exercices, l'une le matin et l'autre l'après-midi.

Évitez de faire des exercices après un repas. Un estomac plein a une influence négative sur la respiration. La circulation se concentrant alors sur la digestion, il restera peu d'énergie pour une autre activité.

Se fixer des objectifs

Faire des exercices signifie s'entraîner régulièrement de façon à progresser un peu tous les jours.

Chaque fois que vous imposez un défi à votre corps, à votre respiration et votre concentration, vous développez votre force intérieure et physique.

Une certaine discipline est également indispensable. Certains jours, ce sera difficile. Mais n'y renoncez pas. Faites vos exercices tous les jours même si vous devez vous « forcer ».

Vous serez étonné de la vitalité qu'ils vous apportent même si vous vous sentez fatigué au début. Ces jours-là, choisissez les exercices que vous connaissez bien et que vous avez effectués souvent.

Les jours où vous êtes en forme et plein d'énergie, abordez au contraire un nouvel exercice ou essayez un nouveau programme. Apprenez à vous adapter à l'état dans lequel vous êtes.

Quand vous êtes en forme, ne soyez pas trop exigeant vis-à-vis de vous-même en en faisant trop. Vous ne devez jamais vous sentir essoufflé, car cela affaiblirait votre mémoire et les défenses de votre corps.

Si cela se produit, arrêtez l'exercice, inspirez et expirez régulièrement jusqu'à ce que vous soyez reposé, puis continuez.

2

LES EXERCICES

Cette partie comprend une série d'exercices conçus pour vous aider à développer force et tonus et à améliorer votre bien-être général. Les deux premiers vous apprendront à respirer et à sentir votre souffle comme une vague d'énergie se propageant dans votre corps. Suivent huit exercices comportant plusieurs enchaînements qui vous permettront de faire travailler vos muscles et d'apprécier les effets bénéfiques de la prise de conscience de chaque respiration.

Découvrez le pouvoir de votre respiration

Pour que vous puissiez profiter au maximum des aspects bénéfiques de la respiration, il faut que vous sachiez comment elle s'exerce et comment le souffle circule à l'intérieur de votre corps. Si vous êtes détendu, vous pourrez suivre son mouvement continu, qui vous façonne et que vous façonnez.

Vous découvrirez la façon dont le souffle se propage dans votre corps à mesure que vous suivrez les étapes des exercices proposés. Parce que l'air qui se déplace en vous peut varier – en intensité comme en volume – il est important d'apprendre à écouter votre souffle et d'essayer de comprendre son parcours. Vous devez donc prendre conscience de votre corps et de ce qui vous entoure et vous concentrer sur le mouvement de l'air à l'intérieur de votre corps. Pour cela, choisissez un endroit calme et tranquille où vous ne serez pas dérangé.

Un nez bien dégagé

Pour bien respirer, il faut avoir le nez dégagé de façon à ce que l'air puisse circuler sans aucune gêne dans les fosses nasales.

Un simple rhume peut le bloquer, l'air pollué peut déposer de minuscules particules sur la muqueuse ou une allergie provoquer un excès de mucus. Commencez donc par vous moucher (doucement), puis du bout des doigts, tapotez-vous l'arête du nez et les sinus (en suivant l'os situé sous les yeux). Si vous faites vibrer en même temps un son que vous dirigerez vers le nez, cela délogera toutes les impuretés qui adhèrent à la muqueuse.

L'ÉCHAUFFEMENT

L'échauffement a pour but de stimuler la circulation pour préparer votre corps à faire les exercices. Ces simples mouvements peuvent aussi être exécutés séparément pour vous redonner de la force et du tonus. Placez-vous si

LE SOUFFLE PURIFICATEUR

Première étape de chaque exercice de respiration, le souffle purificateur prépare les poumons à l'échange d'oxygène qui va se produire, permettant à l'air pur de s'acheminer vers tous les organes du corps par l'intermédiaire du sang et à des millions de cellules de recevoir les substances nutritives vitales. Pour faire place à l'air pur dans les poumons, une grande quantité d'air impur doit être expirée. Et parce que la plupart des gens n'ont pas appris à respirer correctement, il leur reste toujours un peu d'air impur dans les poumons, ce qui les rend flasques et pas aussi élastiques qu'ils devraient l'être. C'est grâce au souffle purificateur – une expiration profonde – qu'on peut évacuer cet

air impur, selon l'une ou l'autre des méthodes suivantes. Inspirez par le nez et expirez par la bouche, mais pas trop vigoureusement, car cela risquerait de provoquer de l'hyperventilation.

1re méthode : Expirez aussi vigoureusement que possible en inclinant légèrement le corps en avant. Rentrez les muscles abdominaux en appuyant un peu sur les côtes avec les mains de façon à expulser l'air des poumons. Redressez-vous pendant l'inspiration – mais sans inspirer plus d'air que vous ne le feriez normalement. Ne respirez de cette façon que deux ou trois fois, sinon cela risquerait d'affecter votre

circulation et de vous donner le vertige. Si cela se produit, c'est que vous avez inspiré trop d'air.

2e méthode : Expirez vigoureusement tout en balançant les bras vers l'avant. Inspirez et balancez les bras au-dessus de la tête en faisant un mouvement semi-circulaire. Répétez ce mouvement de trois à cinq fois, sans trop le forcer.

Remarque : À mesure que votre respiration deviendra plus efficace, vous n'aurez besoin de respirer profondément qu'une seule fois avant de commencer les exercices, selon l'une ou l'autre de ces méthodes.

possible devant une fenêtre ouverte et profitez de l'air pur.

Étirements

Commencez l'échauffement en étirant les bras et les jambes et en bâillant. Faites cela pendant plusieurs minutes jusqu'à ce que vous commenciez à avoir chaud.

Tapotements des bras et des jambes

Les mains détendues, en exerçant une pression légère et régulière avec les doigts, commencez par tapoter une main avec les doigts de l'autre main, puis remontez le bras jusqu'à l'épaule et aussi loin que possible dans le dos. Tapotez l'autre bras de la même manière. Puis les jambes, en utilisant les deux mains. Pendant l'expiration, commencez par l'extérieur des hanches et tapotez-vous les jambes jusqu'aux pieds. Pendant l'inspiration, tapotez-vous le long des jambes en remontant jusqu'aux cuisses.

Tapotements du tronc

Détendez les poignets. Puis à partir du sternum, tapotez-vous le long des clavicules dans la direction des épaules. Penchez-vous légèrement en avant et, à l'aide des poignets, tapotez-vous le dos dans la zone respiratoire 1 (la région lombaire) en déplaçant les mains aussi haut que possible – jusqu'au diaphragme si vous le pouvez.

Secouements

Secouez un bras à partir de l'épaule, qui reste détendue. Débarrassez-vous de toute tension en expirant. Vous sentirez un léger picotement dans le bras. Passez ensuite à l'autre bras. Faites la même chose avec une jambe, puis avec l'autre, en les secouant à partir de la hanche.

Mouvements circulaires

Ces mouvements vous dégourdiront quand vous serez assis à votre bureau ou en voiture, ou au cours d'un trajet en train ou en avion. Faites des mouvements circulaires avec les mains ou les pieds, d'abord dans un sens, puis dans l'autre.

Suivez les flèches

Dans les illustrations des exercices, des flèches indiqueront les respirations recommandées lors des diverses étapes.

 Flèche bleue, inspirez

Flèche rouge, expirez

 Flèche bleue et flèche rouge, inspirez et expirez librement

CHAPITRE DEUX

Posture
initiale –
**Posture
Royale**
page 25

Remarque : À ce moment-là,
prenez plaisir à inspirer et expirer
librement plusieurs fois avant
d'aborder l'exercice suivant.

PRENEZ CONSCIENCE DE VOTRE RESPIRATION 1. ▶

1 *Placez les paumes des mains sur le tronc, au
bas de la cage thoracique, les extrémités des
doigts se touchant au milieu de la poitrine. Puis
écartez-les lentement au niveau du diaphragme
jusque sur les côtés. Déplacez les paumes à votre
rythme en inspirant, faites une pause et expirez.*

2 *Quand vous avez atteint les
parois de la cage thoracique,
descendez les paumes de la même
manière jusqu'au milieu du corps
de façon à sentir les mouvements
de votre abdomen. Vous
remarquerez qu'il se soulève et se
dilate à chaque inspiration et
s'abaisse et rétrécit à chaque
expiration.*

3 *Déplacez les paumes des mains
le long du corps entre la cage
thoracique et le bassin – c'est ce
qu'on appelle la région abdominale. Placez les mains juste
au-dessus de la taille sur les côtés
et inspirez et expirez profondément
deux ou trois fois. Pendant ce
temps-là, essayez de suivre le
mouvement de votre respiration à
l'intérieur de votre corps. Essayez
d'accompagner mentalement votre
souffle et de le visualiser pendant
qu'il se propage dans la région que
vous venez d'explorer avec les
mains. C'est ce que l'on appelle
respirer à la demande du corps,
c'est-à-dire lorsque le besoin de
prise d'air se fait sentir.*

4 Placez la main gauche au niveau du diaphragme et la main droite sur les côtes inférieures de façon à sentir les côtes sous la paume. Essayez de suivre le mouvement de votre souffle à l'intérieur de la zone thoracique. Vous sentirez les côtes inférieures se déplacer légèrement vers le côté à chaque inspiration et retomber vers l'intérieur à chaque expiration. Déplacez les mains et répétez le mouvement en réglant la pression de la paume jusqu'à ce que vous sentiez bien votre souffle.

5 Un bras tendu vers l'extérieur, placez la paume de l'autre main au sommet de la cage thoracique, les doigts sur l'aisselle. Vous devriez alors sentir les côtes s'élever et s'abaisser légèrement pendant que vous respirez. Répétez l'exercice de l'autre côté.

6 Une main posée sur la cuisse, placez la paume de l'autre main le long de la clavicule. Descendez la paume sur la poitrine jusqu'au niveau du diaphragme en inspirant et expirant lentement. Déplacez les mains de façon à répéter le mouvement sur l'autre côté.

7 Replacez les mains sur le diaphragme (reportez-vous à la deuxième photographie de la section 1) et concentrez-vous sur le mouvement du souffle à l'intérieur de votre corps.

Remarque : À ce moment-là, prenez plaisir à inspirer et expirer librement plusieurs fois avant d'aborder l'exercice suivant.

PRENEZ CONSCIENCE DE VOTRE RESPIRATION

1 *Toujours assis dans la Posture royale, mettez les jambes parallèles et écartées de la largeur du bassin. Penchez légèrement le tronc en avant et inspirez et expirez deux fois, puis placez les mains dans le dos au niveau des dorsales, les extrémités des doigts se touchant à l'endroit de la colonne vertébrale. Expirez et déplacez les paumes sur cette partie du corps comme vous l'avez fait dans l'exercice précédent (sections 2 et 3) pour la région abdominale.*

2 *Lorsque vous respirez à la demande de votre corps ou visualisez le mouvement de l'air dans votre corps, reposez le tronc sur les cuisses et suivez le flux de l'air le long de la colonne vertébrale. Redressez-vous lentement et respirez une fois de plus quand vous ressentez le besoin de la prise d'air. Quand vous vous concentrez sur le déplacement de votre souffle, vous pouvez en augmenter ou en réduire le flux, mais il suffit à ce stade d'inspirer ou d'expirer profondément quatre fois.*

Remarque : Si quelqu'un près de vous peut placer ses mains sur la face dorsale de votre cage thoracique, vous sentirez plus facilement les mouvements du souffle dans votre corps. Seul, vous devrez peut-être répéter souvent l'exercice avant d'être sûr de pouvoir suivre votre souffle. Si vous arrivez à placer les mains en haut de la cage thoracique, vous ne devriez pas avoir de difficultés. Vous pouvez aussi avoir recours à l'une des deux méthodes suivantes : asseyez-vous sur une chaise en appuyant la cage thoracique contre le dossier pour obtenir la résistance nécessaire. Ou bien, si vous êtes assis sur un tabouret, servez-vous d'une serviette de toilette que vous tiendrez comme si vous vous séchiez après une douche ou un bain, et qui vous aidera à bien sentir le parcours de l'air.

3 Assis le dos droit, placez une main sur la partie dorsale de l'épaule au niveau de la colonne vertébrale. Amenez l'autre bras sur le dos, de l'autre côté du corps, paume tournée vers l'extérieur. Inspirez et expirez calmement et essayez de sentir le flux de l'air. Effectuez un mouvement symétrique de l'autre côté.

4 Respirez à la demande de votre corps et reposez le tronc sur les cuisses en laissant tomber les mains jusqu'au plancher. Concentrez-vous sur le parcours intérieur de votre souffle, puis redressez-vous lentement pour vous retrouver dans la Posture royale.

5 Respirez librement en prenant conscience de votre respiration. Avez-vous bien senti votre souffle dans toutes les parties du corps durant cet enchaînement et le précédent ? Reposez-vous, puis répétez l'exercice pour les parties du corps dans lesquelles vous avez eu de la difficulté à suivre le mouvement de votre souffle.

CHAPITRE DEUX

Se sentir à l'aise dans son corps

Imaginez que votre corps est une maison aux murs élastiques. Si vous utilisez votre souffle de manière efficace, vous pouvez augmenter l'espace intérieur de cette maison en déplaçant l'air riche en oxygène pour qu'il revigore toutes les parties du corps. L'air est le carburant de la santé.

Vous aurez déjà un peu senti l'élasticité de vos « murs » intérieurs en faisant le premier exercice (p. 38-41). Vous allez maintenant découvrir la façon dont diffèrent les diverses zones respiratoires. Remettez-les-vous en esprit en vous reportant aux pages 16 et 17. Les quatre zones respiratoires indiquées s'influencent mutuellement grâce à l'interaction complexe des muscles qui les relient entre elles et aux autres parties du corps.

Ces zones respiratoires seront mentionnées dans les exercices présentés dans cette partie. Les enchaînements que comporte chaque exercice vous permettront d'être plus performant à mesure que vous améliorerez votre respiration. Après un certain temps, quand un exercice impliquera une zone respiratoire précise, vous saurez, grâce à votre pratique de la respiration, dans quelle partie du corps vous devriez sentir le mouvement de l'air. Au début cependant, vous aurez peut-être du mal à le savoir précisément. Dans la région abdominale par exemple, vous ne serez peut-être pas en mesure de faire la distinction entre les zones respiratoires 1 et 2. Ne vous forcez pas – Laissez simplement l'air circuler.

Les exercices présenteront des postures qui feront travailler l'une ou l'autre de ces zones respiratoires et, grâce à un entraînement régulier, votre conscience de ces zones se développera. Pensez donc à votre « maison ». Les fondations en assurent la stabilité. Le squelette en fournit la structure et les murs sont élastiques. Vous apprendrez ici à explorer et à bien connaître l'intérieur de cette maison – qui détermine la façon dont vous vous sentez.

Pour commencer

Voici un exercice de 20 minutes, comportant quatre enchaînements qui vous aideront à prendre conscience des zones respiratoires 1, 2, 3 et 4. Pratiquez-le : il améliore la vivacité ainsi que la posture assise et la mobilité du bassin et du diaphragme.

LES ISCHIONS 1.

1 *Asseyez-vous dans la Posture royale (p. 25), les plantes de pied bien à plat sur le plancher. Placez une main sur l'abdomen, l'autre sur la région lombaire. Pivotez maintenant sur les fesses, d'avant en arrière et de droite à gauche, lentement puis rapidement. Vous sentirez vos os sous les fesses – ce sont les ischions, qui seront constamment mentionnés au cours de ces exercices. Le fait d'être assis sur les ischions vous donne de la stabilité et de l'équilibre.*

2 *Quand vous avez bien repéré vos ischions, balancez-vous sur eux d'avant en arrière jusqu'à ce que vous trouviez l'aplomb. Prenez votre temps pour le trouver. Pivotez alors lentement sur vos ischions pour vous stabiliser, restez immobile pendant un moment et inspirez et expirez par le nez, lentement et calmement. Puis inspirez et expirez profondément deux fois (l'inspiration se fait par le nez et l'expiration par la bouche) en sentant le flux de votre souffle.*

UNE BONNE AÉRATION

*Quand vous commencerez
les exercices, vous trouverez
que certaines zones
respiratoires sont plus faciles
à sentir que d'autres. Mais
vous prendrez peu à peu
conscience de toutes les
zones en vous concentrant
sur votre respiration et en
équilibrant votre rythme
respiratoire. Toute votre
« maison » sera alors bien
aérée, aucune partie ne sera
polluée par de l'air stagnant
et vicié.*

3 *Placez les mains sur les parois
du bassin, puis fléchissez en
avant la partie supérieure du bassin.
Gardez le dos creux et inspirez et
expirez deux fois en sentant la zone
respiratoire frontale 1.*

4 *Expirez et ramenez lentement
le bassin à l'aplomb du buste.
Placez les mains sur la région
lombaire. Inspirez et expirez deux
fois à la demande de votre corps.*

5 *Répétez les mouvements des
sections 3 et 4. Si vous n'avez
pas pu sentir votre souffle dans la
partie frontale ou dorsale de la
région lombaire, répétez l'exercice
un maximum de trois fois.
Les mains sur les hanches, étirez le
dos vers l'arrière de façon à ce qu'il
soit arrondi, inspirez et expirez deux
fois, puis revenez à la position
d'aplomb et respirez librement.*

Remarque : Si les pieds sont
les fondations de votre maison,
les ischions et le bassin en sont le
plancher du rez-de-chaussée.
Le plancher est solide et peut
soutenir un poids important.
Les ischions assurent la stabilité
tandis que le bassin supporte
le poids.

LES ISCHIONS 2.

1 *Lorsque vous êtes assis à l'aplomb du buste, laissez tomber le bras droit et placez la main gauche sur le côté. Penchez le corps vers la droite jusqu'à ce que vous sentiez un léger tiraillement dans la partie gauche de la zone respiratoire 2. Le poids du corps doit reposer sur la jambe gauche. Appliquez une légère pression avec le pied droit pour conserver votre équilibre. Maintenez cette position pendant que vous inspirez et expirez deux fois. Vous sentirez bien votre souffle dans la partie gauche de la zone respiratoire.*

2 *Revenez à la position d'aplomb et respirez quand le besoin de prise d'air se fait sentir. Répétez pour le côté gauche les mouvements de la section 1. Concentrez-vous sur l'« exploration » de vos zones respiratoires dont vous prendrez de plus en plus conscience au cours de ces exercices.*

3 *Revenez à l'aplomb du buste, votre poids soutenu également par vos deux fesses et votre « maison » (votre tronc) reposant sur l'os le plus important de votre corps, le bassin. Prenez conscience de votre posture : vous êtes assis, le dos droit, à nouveau dans la Posture royale.*

UNE POSTURE ROYALE

La Posture royale est la posture initiale de nombreux exercices car elle est la seule dans laquelle le diaphragme peut se relâcher librement sans être gêné par une mauvaise posture. Les exercices des ischions sont bénéfiques pour le bassin et peuvent être effectués fréquemment. La Posture royale vous permet aussi de savoir si vous avez progressé dans votre découverte des zones respiratoires, surtout les zones 1 et 2. Vous sentirez des changements de tonus musculaire et améliorerez votre mobilité, votre posture et votre digestion.

LE NIVEAU SUPÉRIEUR

Vous pouvez maintenant passer à l'étape suivante, la cage thoracique, qui est l'étage supérieur de la maison. Située au-dessus du diaphragme, elle contient les poumons et le cœur. Elle est le siège de deux zones respiratoires.

CHAPITRE DEUX

Posture initiale –
Posture royale
page 25

CÔTES ET DIAPHRAGME 1.

1 *Appliquez fermement les mains sur les parois latérales de la cage thoracique. Étalez bien les paumes de façon à couvrir la plus grande surface possible du thorax. Inspirez et expirez librement.*

2 *En faisant reposer le poids du corps sur les ischions, concentrez-vous sur votre cage thoracique. Expirez et éloignez le buste de la position d'aplomb, inspirez et ramenez-le à l'aplomb. Déplacez-le deux fois dans la même direction, vers la droite, vers la gauche, vers l'avant et vers l'arrière, puis respirez librement. Si vous avez trouvé ce mouvement difficile, répétez-le.*

3 *À chaque expiration, effectuez deux ou trois mouvements de rotation du buste. Si, quand vous expirez, vous entendez un faible gémissement, respirez deux ou trois fois. La majorité du poids du corps repose encore sur le bassin. Ramenez le corps en arrière à la position d'aplomb et respirez librement.*

4 *Appuyez les mains sur le dos au niveau du diaphragme. Penchez le buste en avant (le poids du corps reposant sur le bassin se déplace aussi un peu). Respirez deux fois dans cette position quand le besoin de prise d'air se fait sentir. Normalement, vous devriez sentir la zone respiratoire 3. Laissez tomber les mains sur les côtés, revenez à la position d'aplomb et respirez librement.*

5 *Croisez les bras devant vous en penchant vers l'avant la partie supérieure du dos et la tête. Inspirez et expirez deux fois en sentant l'air dans la zone respiratoire 3. Décroisez les bras, revenez à la position d'aplomb et respirez librement.*

CÔTES ET DIAPHRAGME 2.

2 *Revenez à la Posture royale et respirez calmement plusieurs fois, à la demande du corps. En conservant le rythme, essayez de sentir les zones respiratoires 1 et 2, frontales, dorsales et latérales.*

3 *En conservant le rythme de votre respiration, déplacez les mains de façon à sentir la zone respiratoire 3, frontale et dorsale, et la zone respiratoire 4, à gauche et à droite, zones où se trouvent les poumons.*

1 *Asseyez-vous dans la Posture royale, la main gauche détendue placée sur le haut des cuisses. Placez le bras droit au-dessus de la tête et penchez-vous légèrement vers la gauche. Inspirez et expirez deux fois, ce qui vous fera prendre conscience de la partie droite de la zone respiratoire 4. Laissez tomber le bras sur les genoux et revenez à la position d'aplomb. Inspirez à la demande du corps. Répétez le mouvement, en plaçant le bras gauche au-dessus de la tête et en vous penchant vers la droite.*

POUR PROGRESSER

Lorsque vous connaîtrez parfaitement la posture assise et les zones respiratoires, vous pourrez passer aux exercices suivants aux noms à la fois descriptifs et évocateurs – par exemple, vous effectuerez des mouvements semblables à ceux d'un pendule, vous acquerrez la souplesse du chat ou la légèreté du nuage. Quand vous aurez l'impression de bien maîtriser un exercice, passez au suivant. En vous exerçant de façon régulière et continue, le rythme et la puissance de votre respiration s'amélioreront considérablement et vous pourrez vous fixer vous-même un programme d'exercices.

Le Pendule

Durée : 10-15 minutes.

Objectif :
Prendre conscience du rythme et de l'amplitude de sa respiration pour les modifier.

Disposition d'esprit :
Toujours améliorer son bien-être, guidé par le rythme de sa respiration.

Effet principal : Équilibre et augmentation de l'énergie.

Autres effets bénéfiques :
Le fait d'étirer et de redresser le corps permet de rester assis ou debout plus longtemps.

*D*ans les exercices qui suivent, la respiration a un mouvement semblable à celui d'un pendule. Dans les six enchaînements proposés, vous devrez toujours conserver le même rythme – expiration... pause... inspiration. Ce rythme n'est interrompu que par le besoin naturel de respirer à fond – ou de pousser un soupir. Ceci a pour effet de relâcher la tension et de vous rendre plus vif, donc de respirer librement. Après quoi, la respiration reprend des mouvements rythmiques de pendule. En se laissant aller à ce rythme régulier et en suivant le flux de l'air, tout le corps participe au mouvement de la respiration.

La lenteur ou la rapidité de la respiration sont influencées par des réflexes venant de l'extérieur et de l'intérieur du corps et peuvent varier, de façon consciente ou inconsciente.

Cet exercice permet d'accélérer ou de ralentir la respiration, ce qui peut être utile dans diverses situations. Le mouvement de pendule du corps accroît l'énergie tout en améliorant l'équilibre.

POUR METTRE LE PENDULE EN MOUVEMENT 1. ▶

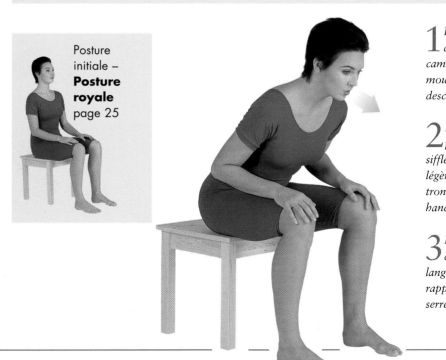

Posture initiale –
Posture royale
page 25

1 Fixez un point du plancher devant vous. Imaginez qu'une caméra intérieure filme le mouvement ascendant et descendant de votre respiration.

2 Expirez doucement, les lèvres plissées en « o » (comme pour siffler) en vous penchant légèrement en avant. Gardez le tronc bien étiré et déplacez les hanches, pas la colonne vertébrale.

3 Faites une pause en décontractant les lèvres, la langue et les mâchoires, puis rapprochez les lèvres sans les serrer et inspirez par le nez.

4 En expirant, prenez conscience du centre physique de votre corps, qui est situé à 2 ou 3 centimètres au-dessous du nombril. À l'inspiration suivante, redressez-vous.

5 Continuez ainsi, en prenant conscience du rythme pendulaire de votre respiration. L'inspiration et l'expiration doivent être d'égale durée.

6 Lorsque le rythme oscillatoire du corps coïncide avec celui de la respiration, amplifiez le mouvement en vous penchant de plus en plus en avant, mais arrêtez-vous lorsque vous avez pris conscience du centre de gravité de votre corps. Prenez un peu appui sur les pieds si nécessaire.

7 Diminuez peu à peu le mouvement pendulaire pour revenir à la Posture royale. Respirez quand le besoin de prise d'air se fait sentir.

Suggestion pour la journée :

Plusieurs fois pendant la journée, interrompez vos activités à un moment quelconque et concentrez-vous sur ce qui se passe en vous en écoutant le rythme de votre respiration. Observez si le rythme de vos activités physiques et mentales est différent de celui de votre respiration. Sinon, rééquilibrez-les pour qu'ils soient en phase.

POUR METTRE LE PENDULE EN MOUVEMENT 2. ▶

Posture
initiale –
**Posture
royale**
page 25

Vos bras deviennent le pendule qui oscille en traçant des demi-cercles au-dessus de votre tête et vers l'avant.

1 Inspirez en penchant légèrement le tronc en avant et en tournant la tête vers la droite. Expirez pendant qu'avec le bras gauche vous effectuez un mouvement semi-circulaire vers la droite, au-dessus de la tête.

2 Inspirez et, avec le bras gauche, faites un mouvement semi-circulaire vers l'avant en passant au-dessus des genoux, pour revenir sur le côté gauche. Redressez-vous en laissant les bras sur les côtés et expirez. Inspirez lorsque vous êtes au plus fort du mouvement pendulaire.

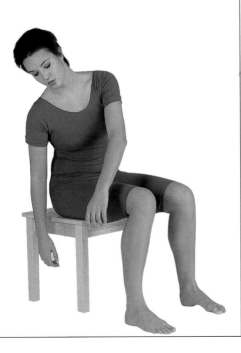

3 En conservant le rythme de votre respiration, répétez le mouvement de la section 2, mais cette fois-ci en travaillant de la droite vers la gauche. Poursuivez ce mouvement jusqu'à ce que vous ayez effectué plusieurs petits demi-cercles vers la droite et vers la gauche en respirant profondément.

4 Maintenant, laissez le rythme de votre inspiration s'accélérer pendant que vous effectuez des demi-cercles de plus en plus grands, en vous étirant le plus possible au-dessus de la tête, puis en vous penchant en avant le plus loin possible de façon à ce que le tronc repose sur les cuisses tandis que le bras revient au point de départ.

5 Continuez à vous balancer en rythme en réduisant peu à peu la taille des demi-cercles. Imaginez le balancier d'une horloge qui lentement vient à l'arrêt. Reposez-vous.

TEMPS DE PAUSE

Faites toujours une pause pour respirer profondément durant ces mouvements, surtout quand le pendule effectue des cercles de plus en plus grands. Vous devez augmenter la longueur des pauses avant d'inspirer. Essayez de ne pas inspirer trop d'air et de ne l'inspirer que lorsque vous effectuez le dernier mouvement de pendule. Cela vous donne plus de temps pour expirer et vous débarrasser de l'air dont vous n'avez pas besoin.

POUR METTRE LE PENDULE EN MOUVEMENT 3. ▶

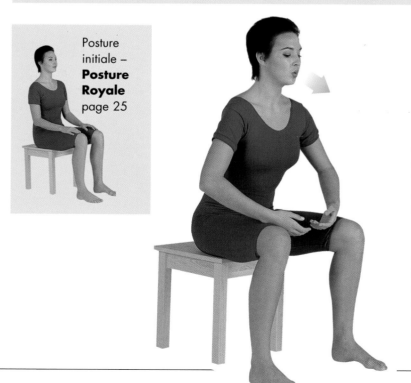

Posture initiale –
Posture Royale
page 25

1 Asseyez-vous en appuyant légèrement les poignets au-dessus des genoux. Relâchez les épaules et étirez le cou. Lorsque vous êtes conscient du rythme de votre respiration, poussez un profond soupir, expirez et penchez-vous en avant pour faire reposer le poids du corps sur les jambes et les pieds. Arrêtez-vous et videz les poumons.

2 Détendez les lèvres, la langue et les muscles du visage en tirant la langue de temps à autre pour ouvrir le pharynx (c'est un bon exercice si vous avez une infection de la gorge). Inspirez et revenez à la position initiale. Répétez cet exercice cinq fois au maximum.

3 Expirez en terminant
l'expiration par un soupir et
penchez-vous en avant.
Arrêtez-vous dans cette position et
tirez la langue. Inspirez en fermant
la bouche et redressez-vous. Puis
continuez à respirer à votre rythme
habituel.

4 Asseyez-vous sur le bord du
siège en laissant les bras tomber
sur les côtés. Mettez le pied gauche
à plat sur le plancher et le pied droit
sous le siège en prenant appui sur
les orteils. En expirant, penchez
le tronc en avant. Redressez-vous
en inspirant. Penchez-vous de plus
en plus vers l'avant en déplaçant
au fur et à mesure le poids du corps
sur le pied gauche lors de vos
balancements.

POUR PROGRESSER

*Dans cette partie de l'exercice,
on insiste sur le mouvement en
avant. Quand vous inspirez, ne
vous redressez pas
complètement, mais restez
légèrement penché en avant
pour déplacer le poids du corps
un peu plus en arrière et sur le
pied droit. L'expiration vous
donne de l'élan, mais vous
inspirez rapidement. Plus vous
intensifiez ce mouvement, plus
vous renforcez le réflexe
respiratoire. Vous pouvez vous
relâcher un instant pendant la
pause et inspirer plus
rapidement après la pause.
Pour ne pas atténuer l'effet
revitalisant de cette respiration,
inspirez et expirez par la
bouche quand les mouvements
sont plus intenses.*

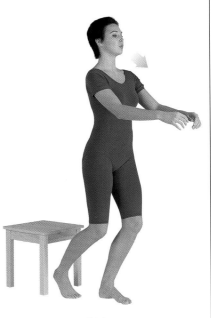

5 En prenant de plus en plus
appui sur le pied gauche, le
corps se relève du siège sur un
mouvement vers l'avant. Puis
reportez le poids sur le pied droit
alors que vous inspirez en revenant
vers l'arrière.

6 Balancez-vous en déplaçant le
poids du corps d'un pied sur
l'autre, et étirez graduellement le
tronc jusqu'à ce que vous soyez en
position debout.

7 Les genoux fléchis – pour
déclencher l'impulsion
respiratoire – balancez-vous plusieurs
fois en avant et en arrière. Diminuez
peu à peu le mouvement pour revenir
à une position statique, le poids du
corps reposant sur les deux jambes.

RYTHME ET MOUVEMENT 1.

Posture
initiale –
**Posture de
base**
page 20

1 *Faites reposer le poids du corps sur
les talons, les métatarses, le bord
extérieur des plantes de pied et les
orteils. Gardez les pieds bien à plat,
les épaules détendues et le corps droit.
Toutes vos articulations devraient être
ouvertes, et non fermées.*

2 *Fixez un point sur le plancher
devant vous, puis concentrez-vous
sur le mouvement de votre respiration.
Inspirez et expirez sans guider votre
respiration, mais en prenant
conscience de son mouvement et de
son rythme. Soyez attentif au flux de
l'air qui circule dans toutes les zones
respiratoires, puis en est évacué.
Prenez ensuite le temps de ressentir ce
qui se passe en vous et dans votre
corps.*

3 *Si le nez, la bouche, le diaphragme
et le thorax sont ouverts au
mouvement de l'air, vous remarquerez
que le corps se balance légèrement –
comme un pendule qui oscille
lentement.*

4 *Arrêtez de fixer le point devant
vous, mais continuez à osciller
légèrement pendant quelque temps.
Concentrez-vous toujours sur ce qui se
passe dans votre corps, mais observez
aussi ce qui se trouve autour de vous.*

TENSION
ET ÉQUILIBRE

*Le fait que vous respiriez
signifie que votre corps
bouge constamment.
Ce mouvement équilibre
naturellement les tensions
tout en les contrôlant.
Quand vous vous balancez,
vous accumulez de l'énergie
qui est transmise aux
muscles par les
articulations ouvertes. Vous
pouvez littéralement vous
balancer pour vous mettre
dans la bonne posture et
vous rééquilibrer.*

RYTHME ET MOUVEMENT 2.

Posture
initiale –
**Posture
de base**
page 20

puis
**Posture
à Socle
large**
page 21

Ces mouve-
ments de pendule sont
très tonifiants et
recommandés si vous
êtes tendu ou manquez
d'énergie. Mais
n'essayez pas de les
faire avant d'avoir bien
maîtrisé les exercices
des pages 48 à 52 et
de les effectuer
facilement.

1 Mettez-vous debout, les genoux légèrement fléchis.
Expirez et laissez osciller le bras gauche vers la
droite. Inspirez et laissez-le maintenant osciller vers la
gauche. Le tronc est entraîné par le mouvement du bras.

2 Répétez ce mouvement plusieurs fois avec les deux
bras jusqu'à ce que vous sentiez vraiment un
mouvement de pendule ainsi qu'un mouvement de
rotation du corps autour de son centre. Gardez les pieds
bien à plat – plus le mouvement de balancier est fort,
plus les genoux sont fléchis vers l'avant.

3 Pour augmenter l'intensité du
mouvement, balancez les bras assez bas
sur les côtés de façon à entraîner le tronc en
avant. Relâchez-vous lentement et
balancez-les assez bas vers la droite en
expirant ; puis aussi bas vers la gauche en
inspirant. Vérifiez que vos pieds sont à plat
et vos jambes stables.

4 Associez le mouvement de pendule à
d'autres mouvements – en vous
redressant et en faisant une légère flexion
avant. Si vous expirez vigoureusement, vous
viderez complètement vos poumons, ce qui
enclenchera l'impulsion respiratoire, fera
entrer de l'air dans vos poumons et créera
de l'énergie.

5 Pour vous calmer, n'effectuez que des
mouvements de faible amplitude, mais
bien équilibrés, et soyez toujours conscient
du fait que ce sont les jambes qui
supportent le poids du corps. Écoutez le
rythme de votre respiration jusqu'à ce que
vous soyez parfaitement calme et immobile.

6 Genoux fléchis, expirez et enroulez les
vertèbres depuis le cou jusqu'à la base
de la colonne vertébrale. Faites-le à un
rythme qui vous semble confortable en
expirant pendant que vous vous penchez en
avant et en arrêtant d'inspirer si cela vous
semble naturel. Revenez
graduellement à la posture à Socle
large.

Attention : Si jamais
durant cet enchaînement,
vous éprouviez un léger
vertige, l'exercice (p. 54)
stabilisera votre
circulation. Cet exercice
est aussi recommandé
lorsque vous sentez que
vous allez vous mettre
en colère.

CHAPITRE DEUX

Pour vous recentrer

Si vous avez un peu le vertige ou si vous sentez que vous allez vous mettre en colère, voici un exercice simple qui stabilisera votre circulation et vous calmera.

1 *Mettez-vous comme avant dans la posture à Socle large et étirez bien les bras sur les côtés. En expirant, serrez les poings et, en inspirant, desserrez-les.*

2 *Inspirez et levez les bras en demi-cercle au-dessus de la tête. Expirez et serrez les poings. Inspirez et laissez tomber les bras sur les côtés.*

3 *Expirez vigoureusement et descendez les poings serrés le long de la ligne centrale du corps. Inspirez et desserrez-les. Répétez cet exercice trois fois.*

RYTHME ET MOUVEMENT 3.

Posture initiale – **Posture de base** page 20

puis **Jambes écartées** page 21

Cet exercice est excellent pour stimuler la circulation.

2 Expirez et balancez les bras bien bas en penchant le tronc en avant. Inspirez et balancez les bras le plus possible vers la gauche, expirez et balancez-les le plus possible vers la droite.

1 Tenez-vous debout, jambes écartées et genoux fléchis. Expirez et balancez le bras droit vers la gauche, le tronc accompagnant le mouvement. Inspirez et ramenez le bras le long du corps. Répétez ce mouvement plusieurs fois avec les deux bras en gardant les pieds bien à plat sur le plancher. Plus le mouvement de balancier est ample, plus il faut fléchir les genoux.

3 Variez l'amplitude des mouvements d'un côté à l'autre, en vous redressant quand vous inspirez, en faisant une légère flexion avant quand vous expirez. Prenez appui sur les jambes et écoutez le rythme de votre respiration. Répétez ce mouvement plusieurs fois, puis effectuez des mouvements moins amples jusqu'à ce que vous soyez parfaitement calme et immobile.

Le Berceau

Durée : 15 minutes.

Objectif :
Activer la zone respiratoire 1 et relâcher la tension du dos (colonne vertébrale, muscles et diaphragme).

Disposition d'esprit : Décontractée, comme si vous étiez allongé dans un berceau qui commence à se balancer.

Effet principal : Respiration profonde efficace dans la zone respiratoire 1. Renforcement des muscles des jambes, de l'estomac et du dos.

Autres effets bénéfiques :
Équilibrer la tension des muscles du dos. Équilibrer et dans certains cas corriger la posture de la colonne vertébrale.

*C*et exercice, qui comprend quatre enchaînements, est recommandé pendant les périodes de stress où vous avez perdu contact avec le calme de votre moi intérieur. Grâce à une respiration saine, l'air circule librement dans le corps.
Quand la respiration alimente les muscles, ce ne sont pas seulement leurs fibres élastiques qui vont se détendre et s'allonger, mais aussi de nombreuses parties du squelette.
Les balancements du Berceau peuvent corriger de légers défauts de la colonne vertébrale ou les irrégularités de la respiration et soulager les tensions musculaires du dos.
On peut aussi relâcher les parties du dos les plus tendues, la région lombaire en particulier, et développer une respiration calme et continue.

BALANCEMENTS D'AVANT EN ARRIÈRE ET LATÉRAUX 1.

Posture initiale –
La Dune
page 28

Placez les paumes des mains sur l'abdomen entre le sternum et le pubis. Expirez et sentez votre abdomen s'abaisser. Ce n'est pas un affaissement passif, ne forcez pas ce mouvement. Faites une pause et relâchez toutes les tensions avant l'inspiration suivante qui devrait atteindre la zone respiratoire 1.

1 Vous devez sentir votre sacrum (la partie inférieure de votre colonne vertébrale) en contact avec le plancher. Mettez-le en mouvement en le balançant légèrement d'un côté, puis de l'autre. En prenant appui sur les avant-bras et les pieds, soulevez le bassin et faites des mouvements circulaires vers la gauche, puis vers la droite. Faites une pause. Respirez à la demande de votre corps. Sentez que le poids de votre corps et votre sacrum adhèrent bien au plancher.

Suggestion pour la journée :
Mentalement, montez et descendez le long de votre colonne vertébrale plusieurs fois par jour. Balancez-la doucement à chaque respiration. Essayez de sentir avec les mains la zone respiratoire 1.

2 Placez les bras sur les côtés, légèrement écartés du corps. Respirez régulièrement et prenez conscience du rythme de votre respiration. À chaque expiration, faites reposer le poids du corps sur la jambe droite, puis sur la gauche. Ne faites aucun effort – sentez tout simplement que le bassin et la partie inférieure du dos sont en contact avec le plancher.

3 Inspirez en relâchant la pression d'un pied, puis de l'autre, et en balançant les jambes d'un côté, puis de l'autre, légèrement et régulièrement, environ cinq fois de suite jusqu'à ce que les mouvements coïncident avec le rythme de votre respiration, puis respirez profondément. Imaginez que votre souffle se déverse « goutte à goutte » dans la zone respiratoire comme un courant chaud.

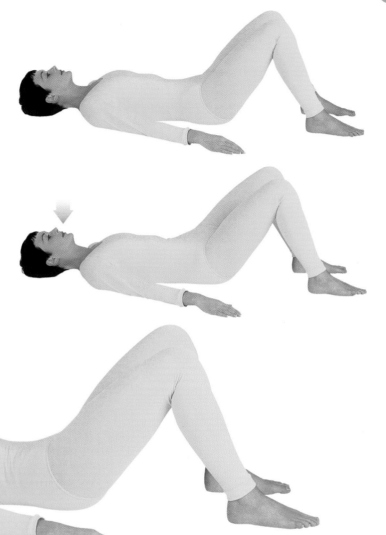

4 Expirez et faites reposer le poids du corps sur les deux jambes comme si vous désiriez que la pression des pieds vous pousse en arrière. Ne poussez pas trop fort – le bassin ne doit se soulever que très légèrement et la colonne lombaire adhérer au plancher comme si c'était du sable mou. Gardez les jambes assez détendues de façon à ce qu'une partie de la tension de l'abdomen soit déviée vers elles pour assurer plus de stabilité.

5 Répétez de trois à cinq fois les mouvements des sections 1 à 4. Puis reposez-vous et respirez quand le besoin de prise d'air se fait sentir. Imaginez que vous êtes dans une grande et belle pièce inondée de lumière.

Suggestion pour la soirée :
Si vous éprouvez le besoin de vous détendre, allongez-vous dans la posture de la Dune, sur le plancher ou sur un sofa. Puis respirez calmement et régulièrement, en sentant la colonne lombaire et l'abdomen s'affaisser progressivement sur le tapis ou les coussins.

DÉGAGEZ DE L'ÉNERGIE

Le fait de déplacer le sacrum d'avant en arrière et latéralement libère une énergie profondément enfouie à l'intérieur du corps. Cela donne aussi de la mobilité à la zone où le sacrum et la colonne lombaire se rencontrent, permettant de déplacer plus facilement le poids du corps vers le bassin qui est plus fort. La tension est déviée, soulageant les zones respiratoires supérieures et renforçant les zones respiratoires inférieures.

BALANCEMENTS D'AVANT EN ARRIÈRE ET LATÉRAUX 2.

1 *Soutenez le poids de votre corps en exerçant une pression égale sur chaque pied. Expirez et soulevez le bassin au-dessus du plancher, puis reposez-l'y. Faites une pause et relâchez toute tension, puis inspirez. En expirant, déroulez les vertèbres de la colonne lombaire l'une après l'autre. Faites une pause et inspirez, puis reposez à nouveau le bassin.*

2 *Puis déroulez progressivement de la même façon les vertèbres de la colonne dorsale jusqu'au niveau des épaules. Faites reposer le poids du corps sur les jambes et le bassin, pendant que les épaules et les bras se reposent passivement. Si vous avez du mal à faire ce mouvement, reposez-vous et balancez-vous d'avant en arrière plusieurs fois – inspirez, appliquez la pression du pied à la jambe, étirez vers le haut trois ou quatre vertèbres, puis reposez-vous en vous balançant vers l'arrière.*

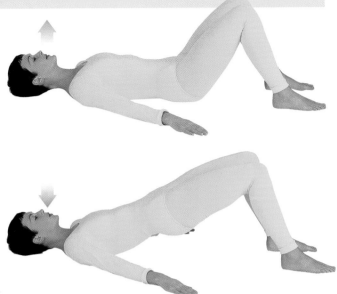

Les bienfaits de la lenteur

Faites cet exercice graduellement. Commencez par dérouler deux ou trois des vertèbres lombaires et par la suite toutes les cinq. Guidez votre respiration lors de l'expiration (en l'accompagnant d'un son tel que sh, s, f ou mm) pour vous assurer que les mouvements sont lents et que la zone respiratoire s'ouvre graduellement. Gardez l'abdomen souple.

3 *Pour renforcer plus encore votre capacité respiratoire, essayez de vous balancer une fois de plus d'avant en arrière en expirant. Ne faites cela que lorsque vous pouvez effectuer ce mouvement facilement. Vous renforcerez d'autant plus votre respiration que votre expiration sera prolongée.*

BALANCEMENTS D'AVANT EN ARRIÈRE ET LATÉRAUX 3. ▶

Attention :
Ne faites pas cet enchaînement si vous avez des problèmes de colonne vertébrale. L'objectif est de renforcer et de donner du tonus aux muscles des jambes et des fesses.

1 *Allongez-vous sur le dos et étirez-vous, puis retournez-vous sur le ventre. Placez les mains sous le front.*

2 *Expirez en appuyant légèrement le bassin sur le plancher et en écartant la jambe droite tendue sur le côté. Soulevez le pied jusqu'à ce que vous sentiez une légère tension dans les muscles de la jambe et des fesses.*

3 *Guidez votre expiration et débarrassez-vous de la tension en inspirant. Seules la jambe et les fesses doivent être tendues pour que l'air puisse pénétrer dans la zone respiratoire 1.*

VOUS AVEZ DES DIFFICULTÉS ?

Les mouvements de balancements d'avant en arrière et latéraux de l'exercice du Berceau doivent être continus et réguliers, et cela vous prendra peut-être un certain temps avant d'y arriver. Répétez les deux premiers enchaînements jusqu'à ce que vous sentiez bien le mouvement de l'air à l'intérieur du corps. Après avoir terminé l'exercice 2 de la page 58, relâchez la tension du bassin en déplaçant le poids du corps sur le bas du dos. Puis respirez profondément en sentant la zone respiratoire 1 s'inonder d'air.

4 *Étirez deux fois la jambe comme dans la section 2, puis soulevez-la au-dessus du plancher en inspirant.*

5 *Répétez une ou deux fois ces mouvements sans bouger du tout les épaules, le cou et la tête.*

6 *Répétez les mouvements des sections 2 à 5 en faisant travailler cette fois-ci la jambe gauche.*

Guidez votre expiration en abaissant lentement la jambe – ne la laissez pas retomber, cela annulerait tout l'effet recherché.

7 *Faites une pause et respirez profondément. Expirez et levez une jambe au-dessus du plancher trois fois, sans vous reposer entre chaque élévation, puis répétez l'exercice avec l'autre jambe. Prenez graduellement conscience du mouvement de votre respiration dans la zone respiratoire 1 (surtout dans le dos). Étirez les bras détendus devant vous.*

8 *Levez maintenant la jambe droite, expirez et étirez le bras gauche soulevé. Inspirez, soulevez le bras et la jambe un peu plus haut, puis expirez et abaissez-les lentement.*

9 *Répétez ce mouvement deux fois en essayant à chaque fois de soulever le bras et la jambe un peu plus haut. Appréciez la tension que vous ressentez en diagonale dans le dos, de la pointe du pied jusqu'au bout des doigts, mais arrêtez immédiatement si vous avez mal. Vous devriez sentir votre respiration dans la zone respiratoire 1 et une légère tension dans le cou.*

10 *Inspirez et placez les mains sous le front. Expirez, appuyez le pubis contre le plancher et soulevez les deux jambes. Le thorax contre le plancher, sentez la tension dans les jambes et les cuisses. Abaissez lentement les jambes.*

11 *Répétez les mouvements des sections 8 à 10 en faisant travailler l'autre bras et l'autre jambe. Si vous vous concentrez bien sur cet enchaînement, ne le répétez qu'une fois, puis détendez-vous et respirez profondément.*

Attention :

Quand vous pratiquez cet enchaînement pour la première fois, arrêtez-vous au mouvement 11, puis passez directement à l'exercice p. 61. Après quelques séances, vous devriez pouvoir revenir à cette section et faire les mouvements des sections 12 à 16 (p. 60).

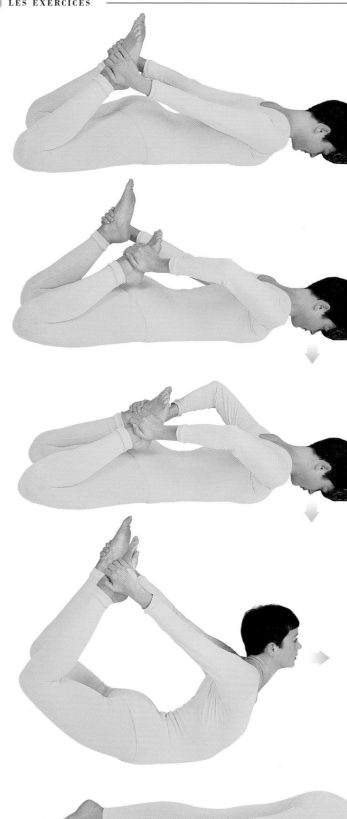

12 *Posez le front sur un petit coussin. Allongez les bras en arrière et attrapez les cous-de-pied avec les mains. À chaque expiration, amenez la cheville gauche, puis la cheville droite au niveau de la cuisse. Faites cela cinq fois avec chaque jambe. Si vous sentez trop de tension dans les cuisses, faites une pause avant chaque étirement.*

13 *Après une courte pause, attrapez à nouveau les cous-de-pied. Expirez et écartez du corps les deux jambes, ce qui soulèvera légèrement les épaules et la tête. Faites cela deux ou trois fois.*

14 *Soulevez les jambes, le bassin, les épaules et la tête et commencez un léger mouvement de bascule, en expirant lorsque vous basculez vers l'avant et en inspirant lorsque vous basculez vers l'arrière. Si cet exercice vous semble facile, c'est signe que vous avez également fait travailler votre abdomen et donc augmenté votre volume respiratoire.*

15 *En conservant le rythme de bascule et de respiration (inspiration, mouvement vers l'arrière ; expiration, mouvement vers l'avant), augmentez-en peu à peu la vitesse jusqu'à ce que s'installe un mouvement de bascule, puis graduellement, ralentissez-le à nouveau.*

16 *Relâchez vos pieds et reposez le tronc sur le plancher. Respirez quand le besoin de prise d'air se fait sentir. Placez les mains sous le front et sentez le flux de votre respiration partout dans le corps.*

BALANCEMENTS D'AVANT EN ARRIÈRE ET LATÉRAUX 4.

Posture
initiale –
Le Paquet
page 29

2 *Inspirez en ramenant les genoux à leur position initiale. Répétez ce mouvement au moins cinq fois. Puis rapprochez un genou, puis l'autre de la poitrine, cela cinq fois de suite, en expirant rapidement et fortement. La colonne lombaire sera arrondie et souple comme un arc. Respirez à la demande du corps.*

3 *Tenez le genou droit avec les deux mains et ramenez-le vers la poitrine. Étirez en l'air la jambe gauche, sans la tendre. En déplaçant légèrement la jambe étirée vers le haut, commencez un mouvement de bascule, vers l'avant quand vous expirez et vers l'arrière quand vous inspirez.*

1 *Reposez confortablement les épaules et la tête sur le plancher. Lors d'une expiration forte et rapide amenez les genoux vers la poitrine en écartant les coudes sur les côtés pour que les épaules et le cou restent passifs.*

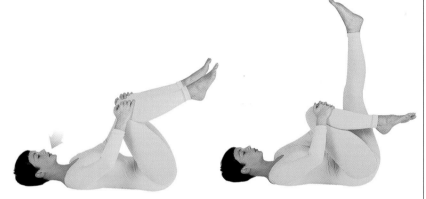

4 *Gardez la tête dans l'alignement de la colonne vertébrale et légèrement penché en avant. Basculez jusqu'à ce que vous vous retrouviez en position assise (cela se produira automatiquement quand vous aurez basculé d'avant en arrière de trois à cinq fois).*

5 *Une fois assis, essayez d'arrondir la colonne vertébrale en expirant, puis inspirez et basculez doucement en arrière. Donnez-vous un peu d'élan et revenez immédiatement à la position assise. Basculez en arrière cinq fois au maximum et revenez aussitôt vers l'avant à chaque expiration.*

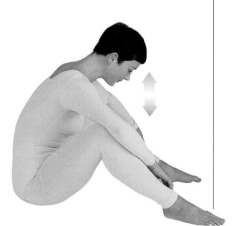

6 *Répétez les mouvements 3 à 5 en faisant travailler l'autre jambe. Terminez l'enchaînement en plaçant les pieds sur le plancher, tête et bras relâchés. Respirez à la demande de votre corps.*

Le Chat

Durée : 15 minutes.

Objectif :
Assouplir le tronc. Étirer doucement et ouvrir les zones respiratoires 2 et 4.

Disposition d'esprit :
Je suis agile comme un chat.

Effet principal :
Tonifier les muscles des jambes, des fesses, du bassin et du dos.

Autres effets bénéfiques :
Améliorer la mobilité et la souplesse. Corriger la scoliose (courbure latérale de la colonne vertébrale).

Il suffit d'observer la démarche d'un chat pour apprécier sa souplesse et son agilité. Nulle tension dans ses mouvements, une harmonie gracieuse et une élégance dans le déplacement tandis que le souffle circule dans son corps sans aucune résistance. Pensez à cela en relation avec votre propre corps. Une respiration libre élimine toutes les tensions inutiles. Quand vous effectuez un travail même très simple, certains muscles sont sollicités alors que d'autres ne sont soumis à aucune tension.

Dans les cinq enchaînements de cet exercice, vous apprendrez à économiser votre force et votre énergie de façon à augmenter votre résistance. Vous apprendrez aussi à vous reposer et à vous détendre entre diverses activités tout en restant alerte et prêt à agir – à l'égal du chat qui guette et se déplace rapidement pour jouer. Quand la respiration est détendue et la tension musculaire diminuée, l'organisme se régénère et, en cas de demande d'énergie supplémentaire, le corps sera en mesure de réagir aussitôt. La détente n'est pas signe de passivité, mais de force.

TORSION DE L'ÉPAULE

Cet exercice est recommandé à toutes les personnes qui ont tendance à avoir les épaules tombantes ou le dos rond.

1 *Mettez-vous à genoux en posant la tête sur le plancher et en maintenant le fessier en l'air. Expirez et étendez le bras gauche devant vous, en tournant la tête vers le bras droit. Vous devez vous sentir à l'aise, comme si vous vous étiriez naturellement. Gardez le dos souple et élastique.*

2 *En respirant librement, continuez à étirer ainsi un bras, puis l'autre en tournant la tête dans la direction opposée. Vérifiez que vos fesses sont bien placées en arrière de vos genoux pour créer le contrepoids nécessaire entre les bras et les épaules à l'avant et le bassin à l'arrière.*

3 *Continuez à étirer les bras en rapprochant peu à peu les aisselles du plancher. Puis, les deux bras étirés devant vous, respirez profondément deux fois. Inspirez et redressez-vous en déroulant la colonne vertébrale, vertèbre après vertèbre, jusqu'à ce que vous reposiez sur les talons.*

4 *Respirez à la demande de votre corps et sentez si vos zones respiratoires se sont ouvertes. Sentez-vous votre souffle dans les zones respiratoires 3 et 4 ?*

ÉTIREMENTS ET RENFORCEMENT 1.

Posture initiale –
Le Sphinx
page 23 ;
puis **Flexion
avant**
page 24

1 *Mettez-vous à genoux sur le tapis, puis asseyez-vous sur les talons et faites une flexion avant en plaçant la tête sur les mains devant vous. Inspirez et expirez trois fois en accompagnant chaque expiration d'un soupir (semblable au ronronnement d'un chat).*

2 *En expirant et en soupirant, faites glisser les bras devant vous sur le tapis jusqu'à ce que les fesses soulèvent les talons et que vous sentiez un étirement du dos et des aisselles. Vérifiez que vos fesses sont bien en arrière des genoux ou que le poids du corps ne repose plus sur le bassin. Vous ne devez pratiquement plus sentir le poids des épaules et des bras.*

Suggestion pour la journée :
Plusieurs fois durant la journée, essayez de sentir à quel point votre corps est souple et mobile, à l'intérieur comme à l'extérieur. Faites des mouvements doux et circulaires pour développer la souplesse.

3 *Les bras toujours étirés devant vous, inspirez et ramenez le corps vers l'arrière, en commençant par la base de la colonne vertébrale, jusqu'à ce que les fesses reposent sur les talons.*

4 *Répétez cet exercice cinq fois. Il n'est pas nécessaire que les fesses touchent les talons à chaque fois. Expirez et étirez-vous vers l'avant, inspirez et revenez à nouveau en arrière. Gardez les bras détendus, tandis que le sternum se rapproche graduellement du plancher.*

CHAPITRE DEUX

ÉTIREMENTS ET RENFORCEMENT 2.

Posture
initiale –
À quatre pattes
page 24

Effectuez cet
enchaînement très
lentement. Prenez
bien soin de respirer
de façon continue et
régulière.

1 *Mettez-vous à genoux dans
une position confortable.
Creusez le dos en expirant.
Puis inspirez en ramenant la
tête et le cou en arrière dans
l'alignement de la colonne
vertébrale.*

2 *Expirez et ramenez
lentement la colonne
vertébrale à l'horizontale.
Ce mouvement est effectué par
la colonne lombaire, la
contraction des muscles
abdominaux étant secondaire.
Inspirez à nouveau en gardant
le dos horizontal.*

3 *Expirez en arrondissant le dos au
maximum. Faites-le très lentement pour
corriger les éventuelles irrégularités de la
colonne vertébrale et tensions du dos.
Restez dans cette position et inspirez.
Expirez en ramenant lentement la colonne
vertébrale à l'horizontale.
Vous devez vous sentir
souple et détendu ;
sinon, répétez
cette étape.*

4 *En maintenant le dos à l'horizontale,
expirez et pliez les coudes vers
l'extérieur. Expirez et creusez le dos,
ramenez la tête et le cou en arrière en
approchant le menton du plancher.
Inspirez en vous laissant tirer vers l'arrière,
depuis la base de la colonne vertébrale
jusqu'aux talons, puis mettez-vous à quatre
pattes, le dos arrondi.*

5 *Expirez en étirant doucement le
dos. Creusez, puis arrondissez le
dos de cette façon, de trois à cinq fois.
Vous devez sentir un
mouvement de
vague le
long de la
colonne
vertébrale.*

ÉTIREMENTS ET RENFORCEMENT 3.

1 À quatre pattes, le poids du corps portant sur le genou droit, expirez et éloignez de vous la jambe gauche tandis que le poids du corps vient reposer sur la cheville droite. L'aine gauche est étirée. Inspirez, déplacez le poids du corps sur le genou droit et ramenez la jambe gauche sous le corps.

2 Expirez et étirez doucement la jambe gauche sur le côté, en gardant la tête vers le bas. En inspirant, ramenez la jambe gauche sous le corps et remettez-vous à quatre pattes. Respirez librement.

3 Expirez et étirez la jambe gauche en diagonale vers la droite, relâchez le dos dans la direction du plancher et tournez la tête vers la jambe gauche. Inspirez, remettez-vous à quatre pattes. Respirez deux fois à la demande de votre corps.

4 Étirez maintenant la jambe droite de la même manière (mouvements des sections 1 à 3) pour ouvrir le bassin et les zones respiratoires 1 et 2. Veillez à ce que vos mouvements soient doux et réguliers. Répétez cet enchaînement une, deux ou trois fois.

TORSION LATÉRALE

1 *Mettez-vous à quatre pattes et déplacez graduellement les mains d'un quart de cercle du côté du genou droit. Au début, ne forcez pas le mouvement si la position n'est pas confortable. Expirez et déplacez les mains un peu plus loin. Faites une pause, inspirez et continuez jusqu'à ce que vos mains se trouvent près du genou. Puis replacez-les à leur position initiale.*

2 *Déplacez maintenant les mains vers le genou gauche. Procédez lentement et graduellement. Concentrez-vous sur l'étirement du côté gauche – vous devriez sentir les zones respiratoires 2 et 4. Remettez-vous à quatre pattes et inspirez deux fois à la demande de votre corps.*

Remarque :

Si vous trouvez ce court enchaînement difficile, ne vous forcez pas à le terminer. Restez dans une position où vous pouvez sentir la tension dans le côté. Respirez profondément deux ou trois fois pour libérer cette tension – poussez un grand soupir si cela vous soulage et replacez très lentement les mains à leur position initiale.

UN ÉTIREMENT PLUS PROLONGÉ

C'est un court enchaînement qui vous oblige à vous étirer et renforce les muscles. Ne le faites pas si vous avez des problèmes de dos ou de disque.

1 *Mettez-vous à quatre pattes et touchez le genou droit avec le coude gauche (voir section 3, ci-contre). Expirez, puis écartez du corps le bras gauche et la jambe droite en les étirant. Étirez-les de façon à sentir la tension dans le bout des doigts et les orteils. Inspirez.*

2 *Expirez et essayez d'étirer un peu plus le bras et la jambe de façon à pouvoir sentir votre respiration circuler des extrémités des doigts de la main à celles des orteils.*

Attention :

Vous devez être bien en équilibre. Si vous étirez trop le bras ou la jambe, vous vous sentirez instable – mais en vous entraînant régulièrement, vous arriverez à trouver votre équilibre.

ÉTIREMENTS ET RENFORCEMENT 4.

1 *Mettez-vous à quatre pattes, expirez et faites glisser le bras gauche en avant et la jambe droite en arrière en faisant reposer la cuisse – et donc le poids du corps – sur le talon gauche.*

Attention :

Si vous ne pouvez pas vous baisser et vous relever facilement, commencez par faire glisser la jambe et le bras pas trop loin du corps, puis relevez-vous aussitôt.

2 *Inspirez, faites reposer le poids du corps sur le genou gauche, puis revenez sur les deux genoux en arrondissant légèrement le dos.*

3 *Expirez et déplacez le coude gauche de façon à ce qu'il vienne toucher le genou droit relevé. Maintenez cette position, faites une pause, puis inspirez et reposez le genou et la main sur le plancher.*

4 *Expirez et étirez le bras gauche et la jambe droite, puis faites une pause, inspirez et ramenez-les sur le plancher. Exécutez tous les mouvements en douceur. Répétez-les de cinq à sept fois, puis répétez l'exercice en faisant travailler l'autre côté.*

CHAPITRE DEUX

ÉTIREMENTS ET RENFORCEMENT 5.

1 *Mettez-vous à genoux en faisant reposer le poids sur les genoux et les orteils et faites une flexion avant en gardant la tête baissée. Expirez et étirez les bras devant vous. Reposez-vous un instant.*

2 *Inspirez et ramenez en arrière les bras et le tronc jusqu'à ce que vous soyez accroupi comme un chat. Expirez en soulevant lentement les talons et en faisant reposer le poids du corps sur les orteils, les mains bien à plat sur le plancher devant vous. Maintenez cette position quelques instants.*

Suggestion pour la journée :

Interrompez vos activités à un moment quelconque et soyez attentif à votre moi intérieur en suivant votre souffle. Le rythme de vos activités physiques et mentales coïncide-t-il avec celui de votre respiration ? Concentrez-vous pour les ramener en phase grâce à la respiration. Un jour où vous êtes stressé, essayez de faire ceci plusieurs fois, ne serait-ce que quelques minutes.

3 *Inspirez et, en expirant graduellement, tendez les jambes en gardant les genoux légèrement fléchis et les mains à plat sur le plancher et en remontant le fessier.*

ÉTIREMENT DYNAMISANT

Levez les bras au-dessus de la tête aussi haut que possible, les genoux légèrement fléchis, pour redonner de l'énergie aux muscles fatigués des épaules et du cou. Puis baissez les bras sur les côtés et étirez les épaules en avant, puis en arrière, pour les tonifier un peu.

4 En expirant lentement, déroulez vertèbre après vertèbre chaque partie de la colonne vertébrale.

5 Pour terminer, étirez un bras vers le haut en inspirant, puis l'autre, gracieusement, comme un chat qui grimperait à un arbre.

CHAPITRE DEUX

Le Nuage

Durée : 15 minutes.

Objectif :
Faire travailler le diaphragme, les muscles intercostaux et les zones respiratoires 3 et 4.

Disposition d'esprit :
Détendue.

Effet principal :
Développement d'une tension légère, mais alerte.
Confiance en soi.
Observation des mouvements du diaphragme et des zones respiratoires 3 et 4.

Autres effets bénéfiques :
Stimulation et nettoyage des poumons. Assouplissement et stimulation de la cage thoracique.

*L*e diaphragme est un muscle aplati en forme de coupole qui assure à l'ensemble du corps un système respiratoire efficace. On peut le comparer au « plancher » de la cavité thoracique au-dessus de laquelle se trouvent les poumons et le cœur, ou au « toit » de la cavité abdominale abritant les autres organes, tels que le foie et l'estomac. Son fonctionnement a une influence directe sur ces organes.
Pendant l'inspiration, le diaphragme s'abaisse, dilatant les poumons qui peuvent alors se remplir d'air.
Pendant l'expiration, il s'élève pour expulser l'air des poumons. Élastique et flexible, il épouse la forme de la cage thoracique des deux côtés du sternum et, dans le dos, jusqu'à la partie supérieure de la colonne lombaire.
Le diaphragme est très sensible, car il est mou. C'est grâce à lui que votre souffle peut remplir et dilater les poumons.

OUVERTURE 1.

Posture initiale –
Posture royale
page 25

Asseyez-vous sur le bord de votre siège, bien centré sur vos ischions. Vous devriez pouvoir sentir les zones respiratoires 1 et 2. Sinon, commencez par exécuter l'un des premiers enchaînements d'ouverture de ces zones.

1 *Placez les mains, paumes à plat, sur les parois extérieures de la cage thoracique, au niveau du diaphragme. Sentez bien le mouvement de votre respiration dans cette zone.*

Suggestion pour la journée :
Imaginez que votre diaphragme est entouré d'un nuage duveteux – essayez de sentir le léger mouvement de la respiration dans votre poitrine.

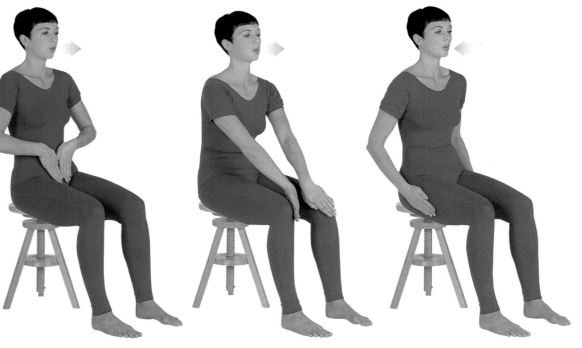

2 *Expirez et déplacez les paumes vers le milieu du corps, puis vers l'abdomen. Inspirez en déplaçant les paumes le long du bassin et des côtés, puis remontez-les vers la poitrine. Sentez le mouvement des côtes sous les paumes. Répétez ce mouvement doux et circulaire environ cinq fois, jusqu'à ce que vous sentiez bien les muscles intercostaux s'enfoncer un peu sous la pression des paumes. Augmentez chaque fois la pression sur les côtes.*

3 *Expirez et descendez les mains à l'intérieur des cuisses. Inspirez et ramenez-les à leur position initiale en remontant le long de l'extérieur des cuisses, des fesses, de la colonne lombaire et des côtes sur le bas du dos.*

4 *Continuez à effectuer de larges cercles en expirant tandis que vous déplacez les mains autour des genoux et vers l'extérieur des cuisses. Inspirez en les ramenant vers l'arrière. Effectuez deux grands cercles avec les mains, puis reposez-les sur le côté des cuisses et respirez profondément. Vous devriez alors bien sentir les zones respiratoires 1 et 2. Si vous le pouvez, passez à l'enchaînement de la page 72. Sinon, passez à l'enchaînement ci-dessous.*

OUVERTURE 2.

1 *Croisez les bras en plaçant les paumes sur les parois de la cage thoracique, aussi loin que possible vers l'arrière, pour bien maintenir la poitrine. Ceci stimule la totalité des poumons, y compris les parties les plus basses et les moins actives.*

Attention :
Ce sont des exercices courts qui, pratiqués souvent, vous profiteront le plus. Arrêtez l'exercice dès que vous sentez la moindre gêne. Respirez après chaque exercice à la demande du corps.

2 *Expirez fortement, mais librement, et poussez l'une vers l'autre les deux moitiés de la cage thoracique. Relâchez-vous quand vous expirez en gardant les bras croisés. Expirez à nouveau en vous penchant légèrement en avant. Restez dans cette position et inspirez. Expirez à nouveau et penchez-vous un peu plus. Après environ cinq expirations, vous devriez toucher les genoux avec les coudes. Respirez profondément deux fois.*

3 *Expirez et redressez-vous en gardant les bras croisés. Inspirez et, pendant une expiration prolongée, engagez le buste dans un mouvement semi-circulaire dans le sens inverse des aiguilles d'une montre, vers le côté gauche, puis à nouveau vers le milieu. Inspirez, faites une pause, expirez et effectuez le même mouvement vers le côté droit. Expirez, décroisez les bras et reposez-vous.*

GONFLEMENT ET ACCUMULATION 1.

1 *Expirez, placez la paume de la main droite sur le côté gauche, près de la clavicule. Sentez votre souffle descendre dans votre poitrine. Inspirez et levez la main. Expirez et déplacez la main par étapes vers le cœur. À chaque inspiration, changez de côté et de main. Continuez jusqu'à ce que votre respiration soit calme et posée.*

2 *Le bras gauche détendu pendant sur le côté, placez la main droite sur la partie droite de la cage thoracique. Expirez trois fois et poussez graduellement la poitrine de plus en plus vers la gauche. Expirez profondément une quatrième fois et poussez la poitrine encore plus loin. Inspirez, relâchez la pression de la main de façon à ce que la poitrine revienne au milieu. Répétez ce mouvement un maximum de trois fois, puis travaillez de la même manière sur le côté gauche.*

3 *La main droite posée sur la cage thoracique, allongez le bras gauche, paume de la main vers le bas. Répétez les mouvements de la section 2 en poussant la poitrine (et donc le tronc) à chaque expiration, ceci trois fois.*

4 *Dressez la main vers le haut – vous sentirez alors la tension du poignet. Imaginez-vous alors sur un nuage en train de chasser les nuages. Inspirez et écartez la main gauche du corps tandis que la main droite pousse la poitrine. Tournez la tête vers la droite, expirez et détendez les épaules. Inspirez, puis expirez et tournez la paume tendue vers le bas. Laissez tomber la tête en avant. Inspirez et relâchez la pression de la main sur la poitrine.*

5 *Pendant l'expiration suivante, étirez le bras gauche vers le haut, paume de la main vers l'extérieur. Imaginez que votre tête essaie aussi de pousser les nuages vers le haut. Sentez l'étirement vertical de votre colonne vertébrale alors que vous poussez le torse de côté. Inspirez, relâchez la pression. Expirez, poussez le torse et étirez le bras.*

6 *Finalement, repoussez les nuages loin devant vous, paume dressée vers le haut. Faites travailler le côté gauche de la même façon en répétant les mouvements de une à trois fois.*

GONFLEMENT ET ACCUMULATION 2.

1 *Mettez-vous dans la posture du Cocher assis, reposez-vous et respirez librement. Inspirez, allongez le bras droit, paume de la main vers l'extérieur, et passez-le en diagonale devant vous pour toucher la jambe gauche. En expirant, détendez bien les épaules et placez le bras gauche détendu dans le dos.*

2 *À chacune des expirations suivantes, faites pivoter le tronc un peu plus vers la gauche en laissant glisser le bras droit vers le bas. Répétez ce mouvement trois fois.*

4 *Respirez profondément et revenez lentement à la position initiale. Avant de commencer à exécuter l'exercice symétrique dans l'autre direction, reposez-vous quelques instants dans la posture du Cocher assis.*

Remarque :

Lorsque vous aurez terminé l'exercice en faisant travailler les deux côtés du corps, reposez-vous à nouveau dans la posture du Cocher assis. Mettez-vous ensuite dans la Posture royale et reposez-vous un moment. Reniflez un peu – comme vous le feriez si vous entriez dans une pièce pour tenter d'y retrouver une odeur familière – et sentez que votre cage thoracique et votre diaphragme sont maintenant plus élastiques.

3 *Expirez rapidement et allongez doucement chacun des bras en diagonale. Le tronc tourne aussi un peu plus vers la gauche. La tête est* tournée, vous regardez donc dans la direction de l'épaule gauche. Répétez ce mouvement de deux à cinq fois – vous ne devriez sentir aucune gêne.

GONFLEMENT ET ACCUMULATION 3. ▶

Posture initiale – **Jambes écartées** page 21

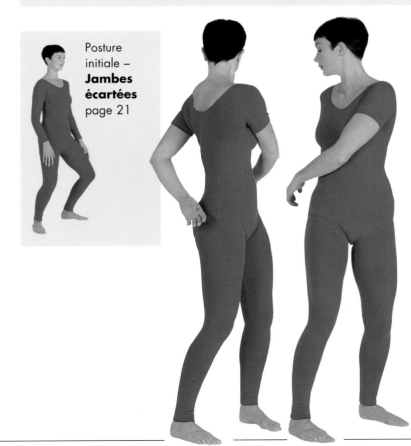

1 *Placez-vous dans un endroit où vous aurez assez d'espace pour étirer les bras dans toutes les directions. Commencez par faire un mouvement de torsion vers la droite et vers la gauche en expirant chaque fois que vous changez de côté. Les bras suivent ce mouvement et enveloppent votre corps, et la tête suit le balancement du bras en avant.*

2 *Plus la torsion est forte, plus les bras enveloppent votre corps. Lorsque vous augmentez graduellement le mouvement, vos bras « s'envolent » jusqu'au niveau des épaules. Réduisez lentement la torsion, au même rythme que vous l'avez augmentée. Quand vous serez à l'arrêt, vous aurez encore l'impression de bouger.*

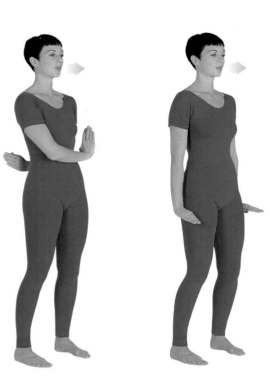

3 *Expirez et faites une pause en faisant passer devant vous le bras droit, paume dressée vers le haut, pour l'amener vers la gauche. Une fois de plus, imaginez que vous repoussez de légers nuages des deux côtés de votre corps. Expirez et répétez le même mouvement avec le bras gauche.*

L'IMPULSION RESPIRATOIRE

Aucune impulsion spéciale n'est nécessaire quand nous « relâchons » l'air – c'est-à-dire quand nous expirons. C'est un mouvement détendu, facilité par les lois de la gravité. L'inspiration au contraire, qui fait travailler tout le corps, est une impulsion automatique déclenchée par le cerveau. Lorsque le sang manque d'oxygène, les muscles respiratoires « reçoivent l'ordre » de se contracter pour recevoir l'inspiration.

4 *En expirant, poussez les bras vers le bas, paumes tendues, puis levez-les au-dessus de votre tête en traçant devant vous un mouvement semi-circulaire. Gardez les genoux légèrement fléchis pour permettre à ce mouvement de balancement d'entraîner tout le corps.*

5 *Tout votre corps étant confortablement étiré, inspirez et déplacez les bras au niveau des épaules, paumes dressées vers le haut. Expirez, repoussez les nuages. Répétez deux fois les mouvements des sections 4 et 5.*

6 *Inspirez et gardez les bras étirés avant d'expirer, puis ramenez-les sur les côtés. Respirez à la demande du corps en vous balançant légèrement sur votre nuage. Observez le mouvement de votre souffle et remarquez tout l'espace dont vous disposez maintenant dans les zones respiratoires.*

La Racine

Durée : 10 minutes.

Objectif :
Renforcer et stabiliser les zones respiratoires
1 et 2.

Disposition d'esprit : Être prêt à
affronter les défis et n'être arrêté par
aucune résistance.

Effet principal : Sentir l'air circuler dans
les jambes et les pieds. Développer la forme
physique.

Autres effets bénéfiques :
Renforcer et étirer les muscles des jambes.
Faire travailler les articulations de la hanche
et des genoux. Stimuler la circulation.

*L*a respiration vient de notre corps.
*Dans les cinq enchaînements qui
suivent, vous allez explorer votre souffle
au-delà de ses manifestations dans
les zones respiratoires. Vous prendrez
conscience de la stimulation de toutes les
activités du corps qui se produit chaque
fois que vous respirez. À chaque
inspiration, un flux puissant d'air se
déplace du diaphragme vers le bassin,
puis vers les jambes, les pieds et le
plancher sur lequel vous vous tenez.
On peut vraiment dire alors que vous
« prenez racine » et c'est ce contact
instantané avec le plancher qui assure
votre stabilité.*

FORCE ET STABILITÉ 1. ▶

Posture
initiale –
Le cadavre
page 28

1 *Allongez-vous sur le dos, puis
mettez les plantes de pied sur le
plancher. Inspirez et expirez et
prenez conscience du rythme de
votre respiration. A chaque
expiration, laissez doucement les
épaules et la colonne lombaire
s'enfoncer dans le plancher.*

2 *Expirez et étirez bien la jambe
droite le plus loin possible de
vous, à partir de la hanche. Inspirez
et ramenez la jambe à la position
précédente. Répétez le mouvement
avec la jambe gauche. Répétez-le
trois fois pour chaque jambe.*

3 Expirez à nouveau et à la fin de l'expiration, éloignez du corps les jambes et les talons en ramenant vers vous l'extrémité des orteils. Vous devriez sentir la tension le long des jambes, du talon à la hanche.

AVIS AUX COUREURS

Faites cet exercice comme échauffement avant de faire une course à pied. Si vous n'aimez pas courir, il la remplacera à sa façon.

4 Inspirez et soulevez le bassin jusqu'à ce que vous sentiez le flux d'air remplir la zone respiratoire 1 – mais pas au-delà du point où les muscles de l'aine sont étirés et où les cuisses sont dans l'alignement du tronc. Expirez et reposez le dos sur le plancher en le déroulant, vertèbre après vertèbre.

5 Répétez le mouvement. Puis inspirez et levez aussi les bras en traçant un mouvement semi-circulaire sur le plancher. Les coudes doivent rester en contact avec le plancher, sinon vous sentirez une tension désagréable dans les épaules. En expirant, replacez doucement les bras au niveau des épaules.

6 Expirez et tendez la jambe droite devant vous (comme dans la section 2) en même temps que vous étirez le bras gauche sur le plancher au-dessus de votre tête. Quand vous sentez que votre jambe est étirée, comme une branche qui pousserait sur votre corps, étirez le bras un peu plus haut à partir de l'articulation de l'épaule. La colonne lombaire est soutenue par l'autre jambe, mais reste souple. Vous êtes étiré en diagonale.

7 Inspirez, puis en expirant revenez à la position initiale. Inspirez et répétez le même mouvement avec la jambe gauche et le bras droit.

FORCE ET STABILITÉ 2.

1 *Attrapez la jambe gauche dans le creux qui est derrière le genou. Étirez-la et déplacez la main un peu plus haut sur le mollet.*

2 *Expirez et approchez le genou du corps, jambe fléchie, en appliquant une légère pression de la main gauche. Gardez un souffle régulier.*

3 *Relâchez la tension de la main en inspirant. Expirez et étirez un peu plus la jambe. Répétez le mouvement environ cinq fois en remontant graduellement la main le long du mollet.*

4 *Maintenant expirez et abaissez la jambe sur le plancher en la maintenant tendue. Reposez-vous un peu, puis répétez l'exercice avec la jambe droite.*

5 *Relâchez les jambes à nouveau, mais commencez à « marcher » en l'air en levant les orteils et les talons. Prenez votre temps quand vous expirez, mais inspirez rapidement.*

UNE MARCHE DANS LES AIRS

Avant de sortir du lit le matin, levez les jambes en l'air et déplacez les pieds comme si vous marchiez. Orteils et talons, levés puis baissés, imaginez-les touchant le plancher, puis soulevés à nouveau dans un mouvement lent, puis rapide.

6 *La jambe gauche sur le plancher, expirez et amenez vers vous la jambe droite. En inspirant, allongez-la verticalement en la maintenant à angle droit, le talon pointant vers le haut. Expirez à nouveau et abaissez la jambe encore tendue sur le plancher. Appliquez une légère pression sur le pied de la jambe gauche pour donner du soutien à la colonne lombaire en évitant de creuser le dos.*

7 *En maintenant le pied gauche sur le plancher, inspirez et imaginez le flux de l'air passant par le bassin et la jambe pour arriver jusqu'au pied. Expirez, fléchissez la jambe droite et amenez-la vers vous.*

8 *Inspirez et étirez la jambe loin de vous. Répétez trois fois le mouvement, puis faites travailler l'autre jambe de la même manière.*

FORCE ET STABILITÉ 3.

1 *Attrapez l'avant des genoux avec les mains. Expirez et amenez-les vers la poitrine. Lâchez les genoux, inspirez et allongez les jambes.*

2 *Placez les mains sur le creux à l'arrière des genoux, puis expirez et amenez vers vous vos jambes tendues.*

3 *Relâchez la tension des jambes en inspirant, puis baissez-les à nouveau en les rapprochant chaque fois un peu plus de la poitrine. Répétez ce mouvement, sans forcer, autant de fois que vous le voulez.*

4 *Gardez les jambes étirées et inspirez. Expirez et déroulez rapidement le dos pour vous mettre en position assise, jambes fléchies.*

SOYEZ DÉTENDU

Veillez à garder le dos souple et les épaules relâchées.
Le mouvement sera plus facile à effectuer si vous placez les coudes sur les côtés quand vous ramenez les jambes vers vous, fléchies ou tendues.
Ceci vous empêchera de remonter les épaules. Gardez la tête dans l'alignement du corps.

FORCE ET STABILITÉ 4.

Posture
initiale –
Le Penseur
page 27

1 *Respirez profondément.*
Allongez la jambe gauche sur
le côté. En expirant, pliez la jambe
droite de manière à ce que le talon
vienne reposer devant le pubis.
Assurez la stabilité de la posture
en attrapant la cheville droite avec
la main gauche et en appliquant
une légère pression sur le genou
avec la main droite pendant que
vous expirez.

2 *Inspirez et tournez la jambe de*
façon à ce que le mollet vienne
reposer le long de la cuisse droite.
Expirez et appuyez légèrement sur le
genou avec la main gauche et sur la
cheville avec la main droite. Gardez le
tronc bien droit. Répétez un

maximum de cinq fois ce mouvement
qui étire les muscles des cuisses et
donne de la mobilité au muscle de la
hanche. Il permet à l'air de passer
librement dans les zones respiratoires
1 et 2 et le bassin. Répétez ce
mouvement avec l'autre jambe.

3 *Mettez les plantes de pied l'une*
contre l'autre et placez les mains
autour des pieds. Inspirez et expirez
deux ou trois fois et détendez-vous
dans cette position. Vous devez bien
sentir votre souffle circuler dans
votre bassin.

4 *En expirant, déplacez le poids*
du corps sur le bassin.
Penchez-vous en avant, attrapez les
pieds avec les mains, expirez et
étirez lentement les pieds loin du
corps. Étirez toujours les
jambes quand vous
expirez.

5 Expirez et redressez-vous lentement en amenant les mains le long des jambes et en étirant les pieds quelques centimètres de plus vers l'avant. Restez dans cette position et inspirez. Expirez à nouveau et redressez-vous un peu plus, en étirant encore un peu les jambes. Vous devez éprouver une sensation confortable d'étirement dans les jambes, les fesses et le dos.

6 Expirez profondément (pour nettoyer les poumons) et déplacez les mains le long des jambes, puis de l'extérieur des jambes et des pieds jusqu'aux orteils. Le tronc repose alors sur les jambes.

7 Inspirez et remontez les mains à l'intérieur des jambes en redressant graduellement le tronc. Répétez les mouvements des sections 6 et 7 cinq fois encore en respirant fortement.

FORCE ET STABILITÉ 5.

1 Mettez-vous en position accroupie, les plantes de pied bien à plat sur le plancher. Puis trouvez votre équilibre en prenant appui sur les orteils en penchant le tronc en avant et en plaçant les mains devant vous. Expirez plusieurs fois.

2 Placez les plantes de pied à plat, inspirez. À chaque inspiration, levez le bassin en étirant un peu plus les jambes. Faites une pause et arrêtez-vous entre les étirements. Quand vos genoux seront bien étirés, la moitié supérieure de votre corps sera presque parallèle à la moitié inférieure, la tête appuyée sur les genoux. Plus les mains se rapprochent des pieds, plus la tension est forte dans les muscles des jambes, à l'arrière.

3 Fléchissez un peu les genoux et laissez le tronc pendre, détendu. Inspirez et expirez deux ou trois fois avant de dérouler le dos, vertèbre après vertèbre, pour vous retrouver debout, les bras pendants et détendus.

4 Inspirez et étirez les bras vers le haut, puis expirez et ramenez-les vers le bas dans des directions opposées. Les bras décrivent un cercle – ceci après un peu d'entraînement. Puisez votre force dans le plancher quand vous inspirez et laissez l'air remonter jusqu'au bout des doigts. Répétez ce mouvement jusqu'à ce que vous sentiez le souffle circuler du bout des orteils jusqu'au bout des doigts.

5 Terminez l'exercice debout et immobile en prenant conscience une fois de plus d'avoir pris racine. Expirez et détendez-vous.

Suggestion pour la journée :

Que vous soyez assis ou debout, veillez à ce que vos plantes de pied soient bien à plat sur le plancher. Laissez l'air que vous inspirez circuler jusque dans le plancher – et en ressortir quand vous expirez. Quand vous êtes assis à une table ou à un bureau, étirez fréquemment les jambes, ensemble puis séparément, et posez à nouveau les pieds à plat.

La Fleur

Durée : 20 minutes.

Objectif :
Étendre en les étirant les zones respiratoires 2, 3 et 4 (surtout les zones 2 et 3).

Disposition d'esprit : Être prêt à s'ouvrir comme une fleur, lentement et graduellement.

Effet principal : Équilibrer et ouvrir la cage thoracique. Laisser le souffle bien remplir les poumons.

Autres effets bénéfiques :
Équilibrer la colonne vertébrale. Corriger la posture en ouvrant la cage thoracique et en étirant le dos pour avoir une bonne posture. Soulager le cœur.

Posture initiale

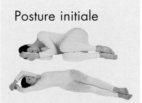

Allongez-vous sur le plancher, légèrement recroquevillé, comme si vous alliez vous endormir. Après quelques respirations et expirations, expirez fortement et essayez de déplacer tout le poids du corps sur le plancher. Quand vous êtes vraiment à votre aise et que vous sentez bien votre souffle, commencez à vous réveiller et à étirer les bras et les jambes dans toutes les directions. Bâillez et balancez-vous d'un côté sur l'autre.

Les fleurs s'ouvrent à la chaleur et à la lumière quand les racines puisent leur énergie dans le sol. Durant les quatre enchaînements qui suivent, créez autour de vous une atmosphère chaleureuse et lumineuse. Un certain climat de stabilité est nécessaire pour donner aux poumons l'espace suffisant pour qu'ils puissent fonctionner au maximum. Vous les faites travailler et augmenter de volume de façon à ce que l'air accède librement aux muscles et aux tissus. Veillez toujours à ce que vos mouvements soient continus et harmonieux. Augmentez-en graduellement le rythme – une fleur pousse lentement et fleurit lorsqu'on la soigne et la nourrit.

EXTENSION ET ÉTIREMENT 1. ▶

1 *Quand vous avez trouvé une position confortable sur le dos, écartez les bras, fléchissez les genoux et placez les pieds bien à plat sur le plancher.*

2 *Prenez conscience du rythme de votre respiration. À chaque expiration, balancez légèrement les genoux d'un côté à l'autre. Appliquez une légère pression avec le pied qui reste sur le plancher pour assurer une position stable. Inspirez quand vous en ressentez le besoin.*

3 Baissez juste un peu les jambes, puis augmentez graduellement leur mouvement de balancement quand vous expirez. Utilisez un peu la tension que vous ressentez pour étirer légèrement la zone respiratoire 2. Balancez les jambes de cette manière jusqu'à ce que vous puissiez sentir nettement votre souffle dans les zones respiratoires 1 et 2. Relâchez les épaules et les bras qui sont, détendus, sur le plancher. Placez les deux pieds bien à plat et respirez profondément. Concentrez-vous maintenant sur les zones respiratoires 3 et 4.

4 Inspirez et poussez successivement chaque bras un peu plus loin, en veillant à ce que ce mouvement s'effectue au rythme de la respiration. Vous noterez que les omoplates se déplacent aussi vers les côtés. Continuez à vous étirer et à déplacer lentement et graduellement les bras vers le haut, sans les soulever – les coudes doivent toujours rester sur le plancher.

5 Plus vous montez les bras à chaque inspiration, plus vous sentez les côtes dans les zones respiratoires 3 et 4 (dans la cage thoracique tout entière) s'ouvrir et se fermer comme un éventail. Arrêtez si vous ne vous sentez pas à l'aise.

6 Inspirez et étirez les bras jusqu'au bout des doigts. Restez quelques instants dans cette position, puis expirez en ramenant les bras au niveau des épaules.

7 *En expirant, faites passer le bras gauche vers le côté droit. Votre bras entraîne l'épaule gauche, la tête, le tronc et les genoux jusqu'à ce que vous vous retrouviez allongé sur le côté droit.*

Suggestion pour la journée :
Pour maintenir les zones respiratoires ouvertes, étirez-vous plusieurs fois pendant la journée, quand vous bâillez ou quand vous expirez. Les côtes ont besoin d'un peu d'espace supplémentaire pour maintenir la cage thoracique ouverte, surtout dans la zone respiratoire 4. Gardez toujours les bras un peu séparés du corps.

8 *Inspirez et appuyez sur le pied gauche pour assurer un certain équilibre, puis expirez et ramenez le bras gauche sur le côté gauche en effectuant un demi-cercle devant vous et en traînant la main sur le plancher. Lorsque le bras gauche repose sur le plancher, tournez-vous sur le dos. Reposez-vous.*

9 *Inspirez, étirez le bras gauche au-dessus de la tête un maximum de trois fois avant de répéter les mouvements des sections 7 et 8 sur le côté droit. (Plus tard, quand vous aurez plus d'entraînement, vous pourrez changer de côté et alterner les mouvements.)*

10 *Les bras bien écartés, expirez et amenez les genoux vers la poitrine en déplaçant vers la gauche la partie inférieure des jambes, les talons pointant vers la droite. Inspirez et changez de direction, expirez et déplacez les jambes. Exercez-vous cinq fois de chaque côté ou jusqu'à ce que les mouvements soient naturels.*

EXTENSION ET ÉTIREMENT 2. ▶

1 *Soulevez la jambe droite, placez le pied gauche sur le genou et reposez-vous. Inspirez et expirez trois fois, puis étirez doucement la jambe droite sur le plancher. Expirez et, à l'aide du pied gauche, guidez le genou droit vers la gauche. La hanche suit le mouvement, mais laissez les épaules sur le plancher, bras étendus.*

Attention :
Si vous avez des problèmes de lombaires et si cet exercice vous fait mal, amenez les genoux vers vous quand vous vous reposez et tenez-les avec les bras.

2 *Expirez et essayez de rapprocher le plus possible le genou droit du plancher. Inspirez et rapprochez le genou gauche de la poitrine, puis expirez, levez à nouveau la jambe droite et répétez rapidement les mouvements des sections 1 et 2.*

3 *Tournez maintenant le corps vers la droite, entraînant le bras gauche qui décrit un demi-cercle et vient se poser, étiré, sur l'autre bras. La jambe gauche repose sur le plancher, les deux genoux sont fléchis. Respirez librement.*

4 *Expirez et placez lentement le bras gauche au-dessus de la tête. Faites une pause, inspirez et déplacez le bras un peu plus loin, en gardant toujours la main droite sur le plancher. Votre tête doit suivre le mouvement, étirant graduellement la cage thoracique. Gardez les genoux sur le plancher. Si vous sentez qu'ils se lèvent un peu, appuyez légèrement dessus avec la main droite. Les épaules sur le plancher, les bras étirés et les genoux reposant sur le côté droit, reposez-vous.*

5 *Inspirez et expirez deux fois. Roulez sur le dos, faites une pause, puis amenez les genoux vers la poitrine.*

6 *Lorsque vous vous sentez reposé, répétez l'exercice (sections 1 à 5) en levant la jambe gauche. Quand vous avez terminé le dernier mouvement, redressez-vous en déroulant le dos jusqu'à ce que vous vous retrouviez en position assise.*

EXTENSION ET ÉTIREMENT 3.

Posture initiale –
Le Penseur
page 27

Veillez à ce que les zones respiratoires 3 et 4 restent ouvertes.

1 *Écartez les jambes devant vous. En expirant, dans un mouvement semi-circulaire, déplacez le bras gauche pour le mettre à côté du pied droit, puis balancez-le vers la gauche et redressez-vous en déroulant le dos et en gardant les fesses sur le plancher. Prenez appui sur la main droite.*

PRENDRE SON TEMPS

Les fleurs mettent parfois longtemps à s'ouvrir. Faites comme elles, prenez votre temps. Essayez d'améliorer un peu les mouvements chaque jour. Si vous sentez beaucoup de tension dans la zone respiratoire 4 (au-dessus de l'aisselle), faites quelques respirations et reposez-vous quelques instants. En expirant, relâchez-vous un peu pour faciliter l'étirement des muscles.

2 *Inspirez et avec le bras gauche, faites un cercle complet au-dessus de la tête, en tournant celle-ci vers la droite. Expirez et ramenez le bras le long de votre côté gauche, la tête suivant le mouvement. Répétez ce mouvement avec le bras droit.*

3 *Expirez et balancez les bras vers l'avant en joignant les mains. Inspirez, redressez-vous et ouvrez les bras au-dessus de la tête. Répétez le mouvement plusieurs fois en veillant à ce que le bassin repose bien sur le plancher. Expirez et, en faisant un mouvement semi-circulaire, ramenez les bras sur le côté.*

4 *Mettez les plantes de pied l'une contre l'autre, la partie inférieure des bras reposant sur les genoux et reposez-vous en respirant librement. Prenez conscience des zones respiratoires – identifiez-les et sentez celles qui se sont ouvertes.*

CHAPITRE DEUX

EXTENSION ET ÉTIREMENT 4.

1 *Écartez les jambes et balancez-vous en déplaçant votre poids d'une jambe sur l'autre. Balancez le bras droit vers la gauche à chaque expiration et ramenez-le vers la droite à chaque inspiration. Répétez l'exercice trois ou quatre fois en accélérant le rythme.*

2 *En déplaçant le bras d'un côté vers l'autre, le tronc se penchera graduellement vers l'avant jusqu'à ce que vous soyez en mesure de vous soutenir en plaçant l'épaule gauche sur le genou gauche.*

LES EFFETS DE LA RESPIRATION

Quand vous expirez, votre corps est influencé par votre esprit qui désire instaurer un sentiment général de relaxation. Les verbes utilisés pour décrire cet état sont : lâcher prise, poser, céder, se détendre, vider, s'affaiblir, donner, se reposer. Plus l'expiration est longue et lente, plus le corps est détendu.

4 *En expirant, balancez les deux bras vers le plancher (les genoux se fléchiront), puis en inspirant, balancez-les très haut au-dessus de la tête (les genoux s'étireront).*

3 Étirez le bras droit sur le côté au-dessus de la tête et maintenez cette position le temps d'une inspiration et d'une expiration. Inspirez et, d'un mouvement circulaire, ramenez le bras sur le côté droit, puis redressez-vous. Répétez le même mouvement avec le bras gauche. Plus vous vous étirez, plus les zones repiratoires 4 et 2 s'ouvrent.

LES EFFETS DE LA RESPIRATION

Physiquement et mentalement, l'inspiration a un effet tonique. Les verbes suivants lui sont associés : déplacer, entreprendre, accepter, anticiper, construire, remplir, renforcer, prendre, accomplir. En expirant, vous évacuez le dioxyde de carbone et en inspirant, vous faites entrer dans vos poumons une nouvelle quantité d'air pur.

5 Inspirez et levez les bras haut, expirez et baissez les bras. Répétez plusieurs fois les mouvements des sections 4 et 5. Arrêtez peu à peu les mouvements de balancement et, les bras pendant sur les côtés, essayez de sentir votre souffle. Inspirez et expirez lentement par le nez.

Le Ballon

Durée : 10 minutes.

Objectif :
Prendre conscience du réflexe de la respiration et apprendre à le suivre.

Disposition d'esprit :
Devenir un ballon. Faire des mouvements rapides, à des vitesses différentes.

Effet principal : Renforcer les muscles, accroître la vitalité et la vivacité.

Autres effets bénéfiques :
Maintenir tout le corps en forme. Renforcer l'abdomen, la partie inférieure du dos, les fesses et les jambes.

Cet exercice comporte cinq enchaînements liés à la respiration instinctive que l'on acquiert après avoir fait des exercices. Elle affecte le corps à la manière d'un ballon dont la surface élastique se contracte et se dilate rapidement lorsqu'on joue avec. Le mouvement de la respiration crée une tension que l'on sent à la façon dont le diaphragme réagit.
Au cours de ces enchaînements, il est important de ne pas respirer consciemment, mais de laisser la respiration se produire naturellement, en réponse à la demande de prise d'air du corps. Ceci continue à faire travailler le muscle du diaphragme pour qu'il se contracte bien pendant l'expiration et se relâche pendant l'inspiration, permettant aux poumons d'expulser l'air usagé et de se remplir à nouveau d'air pur. Vous découvrirez le réflexe respiratoire instinctif auquel le corps tout entier – détendu, souple et élastique – doit participer, et non pas uniquement le nez, la gorge, les poumons et la poitrine.

AVANT DE COMMENCER

Tenez entre les mains un ballon de plage en plastique ou un ballon d'enfant. Expirez et appuyez légèrement sur le ballon tout en fléchissant les genoux. Quand la surface du ballon se dilate à nouveau, vous devez ressentir le besoin de respirer. Faites cet exercice plusieurs fois en appliquant diverses pressions sur le ballon, mais ne forcez pas. Sentez la tension. Expirez par la bouche en faisant vibrer le son « sh », « s » ou « f ». Ceci ralentit le flux de l'air et vous sentirez la tension du diaphragme.

SENTIR SA RESPIRATION

1 Appuyez les mains l'une contre l'autre et sentez la légère résistance qu'il y a entre elles. Expirez et appuyez les mains à nouveau, puis relâchez la pression en inspirant. Ce mouvement a un effet sur les genoux, que vous fléchissez, mais n'étirez jamais complètement par la suite. Répétez ce geste en plaçant les bras dans différentes positions jusqu'à ce que vous maîtrisiez le rythme respiratoire.

2 Placez les paumes des mains sur les hanches. À chaque expiration, appuyez les mains contre le bassin et relâchez la pression quand vous sentez le besoin d'inspirer. Faites cela trois fois.

5 Comme dans la section 4, déplacez les mains le long de l'arrière de la jambe jusqu'aux chevilles, expirez et amenez le tronc entre les genoux. Respirez quand vous en ressentez le besoin.

3 Passez à la zone respiratoire 3 en appuyant légèrement sur la cage thoracique et le diaphragme à chaque expiration. C'est la base du réflexe respiratoire.

4 Sentez maintenant les zones respiratoires 1 et 2. Fléchissez les genoux et appuyez les mains sur les cuisses en les faisant glisser par étapes jusqu'aux genoux. Reposez-vous dans cette position en inspirant et expirant plusieurs fois. Fléchissez les genoux en expirant et étirez-les légèrement en inspirant.

RESPIRATIONS ET SAUTS 1.

Suggestion pour la journée :
Essayez de penser à bien vous tenir – dans tous les sens du terme ! Sautez, en rebondissant comme un ballon, chaque fois que vous le pouvez. Si cela n'est pas possible, respirez plusieurs fois, en reniflant l'air de façon à sentir vos réflexes respiratoires.

1 *Posez les mains devant vous, bien à plat sur le plancher, et mettez-vous en position accroupie. Expirez et sautez en rebondissant comme un ballon, sur vos articulations qui sont souples, en gardant les mains sur le plancher. Quand le réflexe de l'inspiration se produit, écoutez votre respiration – elle devrait faire un bruit léger et non pas rauque.*

2 *En profitant de l'élan des rebondissements, déplacez petit à petit la jambe droite vers l'arrière, au cours d'une expiration prolongée. Après environ cinq bonds, votre jambe sera en totale extension. Gardez les mains sur le plancher, inspirez à la demande de votre corps. En expirant, ramenez la jambe vers l'intérieur – par étapes – en sautant un peu chaque fois que vous la déplacez.*

3 *Répétez le même mouvement avec la jambe gauche. Restez accroupi. Les mains placées en arrière des genoux pour assurer un appui, sautez – vers le bas en expirant, vers le haut en inspirant. Augmentez le rythme tant que vous vous sentez à l'aise.*

4 *Asseyez-vous pour vous reposer. Allongez les jambes devant vous et faites semblant de marcher. Respirez librement.*

RESPIRATIONS ET SAUTS 2.

1 *Respirez profondément, puis fléchissez le genou gauche, serrez-le avec la main gauche et faites-le « rebondir » cinq fois vers le corps à chaque expiration. Imaginez que vous pressez un ballon placé entre votre genou et votre poitrine. Vous pouvez même utiliser un ballon si vous le désirez. Vérifiez que vous avez le tronc bien droit. Remarquez que toute votre colonne vertébrale est bien étirée.*

VOUS ÊTES PRÊT ?

N'essayez de faire les exercices figurant sur cette page que si les muscles de votre ventre sont bien entraînés et si vous avez réussi à sentir votre respiration dans les zones respiratoires 1 et 2.

2 *Amenez les deux genoux vers le corps. Répétez l'exercice avec les genoux, en faisant « rebondir » les pieds sur le plancher quand vous expirez.*

3 *Attrapez l'arrière des cuisses avec les mains et amenez les genoux vers la poitrine. Les pieds devraient se soulever au-dessus du plancher, le poids du corps reposant sur les ischions et le sacrum. Trouvez une position d'équilibre et vérifiez que vous pouvez sentir votre respiration.*

4 *Mettez les pieds sur le plancher et penchez la tête – vous êtes dans la posture du Penseur. Placez les coudes sur les genoux pour trouver un appui et cédez au besoin de respirer, profondément au début, puis reniflez. Expirez fortement par la bouche comme si l'air s'échappait d'un ballon gonflé.*

TENSION ET ÉTIREMENTS

1 *Allongez-vous sur le dos et respirez profondément. Expirez, attrapez les genoux fléchis et amenez-les vers la poitrine en sentant la tension élastique partout, mais surtout au niveau du diaphragme – comme si vous pressiez très fort le ballon. Quand vous cédez au réflexe d'inspirer, relâchez les bras. En expirant, amenez alternativement chaque genou vers la poitrine plusieurs fois.*

SOUPLESSE !

Si au début, vous n'arrivez pas à atteindre les talons (voir section 6, page ci-contre), essayez d'attraper les chevilles ou les mollets. Mais le but de l'exercice est de pouvoir attraper les talons.

2 *Étirez les jambes en l'air en les attrapant à l'arrière des genoux. En expirant, amenez vers vous la jambe droite, puis la jambe gauche, puis les deux jambes ensemble. Répétez ce mouvement rapidement trois fois - d'abord avec les jambes tendues, puis avec les genoux fléchis. Vous devez sentir que votre dos est souple avant d'amener les genoux fléchis vers vous en expirant. Inspirez, étirez les jambes et, à l'aide des mains, amenez vers vous les jambes bien tendues.*

3 *Répétez plusieurs fois les mouvements de la section 2 jusqu'à ce que vous sentiez bien votre mobilité. À chaque expiration, essayez de tirer les jambes un peu plus loin vers l'arrière, les orteils derrière la tête, jusqu'à ce que les cuisses soient parallèles au plancher. Le bassin est lui aussi soulevé au-dessus du plancher.*

4 *Placez les mains sur le dos entre le bassin et la cage thoracique, en prenant appui sur la partie supérieure des bras. Gardez les jambes tendues et balancez-les vers le bas plusieurs fois – suivant le rythme de votre respiration.*

5 *Faites une pause et appuyez les orteils sur le plancher, les bras étirés au-dessus de la tête (ou sur les côtés). Attendez que le besoin de respirer se fasse sentir, puis en expirant, reposez les jambes au sol en déroulant la colonne vertébrale vers le bas jusqu'à ce que vous vous retrouviez en position assise, les jambes bien écartées.*

6 *Attrapez les jambes aussi loin que possible (de préférence aux talons) et abaissez l'abdomen à chaque expiration, puis déplacez-le vers la droite, vers la gauche et à nouveau vers le bas. Restez dans la position assise, jambes tendues, et attendez que le besoin de respirer se fasse sentir. En expirant, redressez bien le dos et placez les mains sur les cuisses. Détendez-vous et respirez librement.*

TENSION ET SAUTS

1 *Mettez-vous à quatre pattes et respirez librement. Imaginez qu'un ballon tient en équilibre sur vos talons. Quand vous expirez, vous êtes assis sur ce ballon – mais quand vous inspirez à la demande de votre corps, celui-ci vous ramène à la position à quatre pattes.*

2 *Répétez maintenant l'exercice en utilisant un ballon. Faites « rebondir » les fesses sur les talons, vers le haut, puis faites-les retomber sur le talon droit, puis sur le talon gauche, puis sur les deux talons. Continuez jusqu'à ce que le réflexe de la respiration soit si naturel que vous n'ayez aucune envie de l'arrêter.*

3 *Rebondissez encore quelques fois, jusqu'à ce que vos orteils pointent vers le plancher (et que le ballon soit relâché). Revenez alors à la position accroupie, les pieds sous le corps et les mains sur le plancher.*

4 *Respirez profondément et reniflez. Ce réflexe respiratoire non seulement relâche et tonifie le diaphragme, mais vous rend plus vif et développe l'énergie.*

LES MAINS PAR TERRE

Le but de la section 5 (ci-contre) est de garder les mains à plat sur le plancher et les genoux étirés entre les sauts, mais vous ne serez peut-être pas en mesure de le faire dès la première fois. En vous entraînant régulièrement, vous exécuterez facilement cette posture. Gardez le corps souple et étirez-vous le plus possible, en évitant bien sûr tout effort et toute douleur.

5 *En gardant les paumes des mains et les pieds sur le plancher, sautez – comme si vous étiez un ballon que l'on fait rebondir – en trois, quatre ou cinq mouvements, à chaque expiration. Essayez de redresser un peu plus les genoux à chaque mouvement.*

6 *Expirez et commencez à dérouler le tronc en partant du haut, vertèbre après vertèbre. Prenez votre temps. Si vous le souhaitez, respirez quand le besoin s'en fait sentir entre chaque étape du déroulement.*

7 *Prenez dans les mains un ballon de plage ou un ballon d'enfant et pressez-le en expirant. Inspirez et relâchez la pression sur le ballon tandis que vous étirez doucement le tronc en éloignant les bras du corps et en les levant au-dessus de la tête. Suivez votre propre rythme. Cet exercice est très stimulant et vous sentirez certainement le mouvement des ligaments du diaphragme.*

8 *Fléchissez légèrement les genoux et appuyez sur le ballon. Expirez et sautez sur les orteils. Vous devez entendre votre respiration. Faites une pause pour reprendre votre souffle et ralentissez. Reniflez et continuez à sauter sur les orteils en vous tenant droit. Étirez la colonne vertébrale du sacrum au sommet de la tête et sentez bien l'étirement.*

9 *Posez les talons sur le plancher, cessez de renifler et respirez normalement. Sentez le mouvement de votre respiration dans votre corps et votre impulsion respiratoire. Appréciez le fourmillement que vous sentez dans les muscles des jambes et des bras, qui indique une augmentation d'énergie.*

La Vague

Durée : 10 minutes au maximum.

Objectif :
Développer et approfondir une respiration optimale dans ses diverses phases intensives.

Effet principal : Une vague de souffle circule dans toutes les zones respiratoires.

Autres effets bénéfiques :
Stimuler la circulation du sang. Corriger et stabiliser la colonne vertébrale et les muscles pour acquérir une bonne posture.

*C*haque fois que vous respirez, votre corps est « rincé » par une vague d'oxygène. Quand vous expirez, le souffle rejette l'air usagé sans oxygène. Il transmet aussi votre énergie au monde extérieur. Cette vague est constante, comme vous le verrez au cours de ces trois enchaînements. C'est de la disponibilité de votre esprit et de votre corps que dépend la capacité de l'air à circuler librement dans les différentes parties du corps. La profondeur de votre respiration dépend aussi de votre capacité d'être à l'écoute de votre être intérieur. Dans les neuf exercices précédents, vous avez appris à prendre conscience de vous-même et de votre respiration. Si l'oxygène pénètre en vous en ondes légères, votre respiration sera superficielle. Si le souffle arrive en vous en grosses vagues et si vos zones respiratoires sont ouvertes, vous recevrez de l'énergie. Tout ce qu'il vous reste à faire est de laisser la vague de souffle pénétrer dans votre corps et l'arrêter quand c'est nécessaire.

RYTHME ET ONDULATIONS ▶

Posture initiale – **Posture royale** page 25

FAIRE DES VAGUES

Physiologiquement, la vague d'oxygène provient de l'interaction des muscles de la poitrine et de la cage thoracique qui agrandissent ou réduisent la cavité thoracique, permettant aux poumons de se remplir ou de se vider. Plus la vague est grande, plus vous en ressentirez l'effet sur votre corps.

1 *Laissez les bras pendre sur les côtés et étirez légèrement le cou. Commencez par laisser tomber la tête en avant en enroulant la colonne vertébrale à chaque expiration, vertèbre après vertèbre. Prenez votre temps et arrêtez-vous quand vous le désirez pour inspirer.*

2 *Expirez et baissez lentement la tête. Vous sentirez votre cou s'étirer légèrement. Enroulez votre colonne du niveau du thorax à celui du diaphragme. Quand vous atteindrez la colonne lombaire, votre tronc sera complètement fléchi et vos bras pendront sur les côtés. Quand vous enroulerez le bas de la colonne, votre tronc reposera sur vos cuisses.*

3 *Restez dans cette position et inspirez et expirez deux ou trois fois. En expirant, déplacez le poids du tronc sur les cuisses. Quand vous faites une pause, la tension intérieure est relâchée. Respirez deux ou trois fois à la demande du corps.*

4 Prenez conscience de la vague de respiration avant de la guider vers le mouvement que vous effectuez. Elle est d'abord faible et n'est ressentie que dans le bas du dos. Puis elle s'étend de la zone respiratoire 1 à tout le tronc au-delà des zones respiratoires jusqu'au sommet de la colonne cervicale et de la tête.

5 À chaque inspiration, déroulez-vous un peu plus vers le haut. Expirez et ne bougez pas, mais lâchez un peu prise en laissant le mouvement accompagner l'expiration.

6 Utilisez les bras pour aider l'air à circuler. Inspirez et guidez l'intérieur de votre main (pouce et index) le long des côtés et au-delà jusqu'à ce que vos bras soient étirés au-dessus de votre tête. À la fin de l'inspiration, vos bras sont étirés et votre tête est revenue un peu en arrière. Expirez et, d'un mouvement semi-circulaire, baissez les bras pour les mettre sur les côtés en les gardant légèrement arrondis.

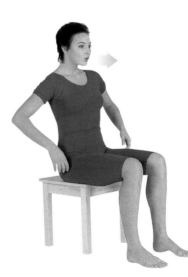 

9 Maintenant, penchez-vous un peu moins en avant à chaque expiration. En inspirant, étirez-vous et prenez le temps d'apprécier cet étirement. Penchez de moins en moins le tronc jusqu'à ce que vous soyez presque immobile. Inspirez et restez un instant les bras tendus et le tronc confortablement étiré.

7 Inspirez et expirez une fois en faisant circuler à nouveau la vague d'air dans votre corps. Suivez en esprit cette vague qui se déplace de la zone respiratoire 1 vers la zone respiratoire 3 et même plus haut, dans la tête. Expirez lentement l'air par la bouche en plissant les lèvres.

8 Inspirez et redressez-vous. Bras étirés, penchez-vous en avant en expirant jusqu'à ce que le tronc repose sur les cuisses, puis expulsez le reste de l'air. Déplacez vers l'avant les bras légèrement arrondis. Inspirez et redressez-vous en prenant un peu appui sur les pieds. Répétez ces mouvements deux ou trois fois.

10 Guidez lentement l'expiration tout en baissant les bras selon un ample mouvement circulaire. Quand tout l'air est expiré, les bras doivent se retrouver sur les côtés, sans toucher le corps. Restez dans cette position et respirez profondément.

PROLONGEMENT DE LA RESPIRATION

1 *Asseyez-vous dans la Posture royale les bras pendants et détendus. Levez le bras gauche au-dessus de la tête. Penchez le tronc vers la droite en éprouvant une légère sensation d'étirement dans le côté gauche. Le poids de votre corps repose bien sur les fesses, et vous prenez aussi légèrement appui sur le*

2 *Inspirez et, à chaque vague de l'inspiration, redressez le tronc. Le souffle atteint la zone respiratoire 1 avant d'arriver à la zone 4. Expirez et penchez à nouveau le tronc vers la droite. Étirez un peu le corps à chaque inspiration.*

3 *Inspirez par réflexe, le bras toujours tendu au-dessus de la tête. Expirez et baissez le bras, en décrivant un grand cercle sur le côté. Respirez profondément – en gardant le dos bien droit. Répétez l'exercice avec le bras droit.*

SE REDRESSER LENTEMENT

Il vous faut deux ou trois respirations pour vous redresser si vous êtes en position de flexion avant. Vérifiez que vos épaules sont bien relâchées même si vos bras sont tendus. Cet exercice vous permet de stabiliser votre posture pendant l'expiration. Gardez le tronc bien droit quand vous expirez et maintenez les zones respiratoires ouvertes.

4 Laissez converger les vagues
d'air latérale et frontale.
Expirez et penchez-vous en avant,
inspirez et redressez-vous
rapidement. Les bras accompagnent
ce mouvement. Baissez
immédiatement le bras droit,
mais étirez au-dessus de la
tête le bras gauche détendu.

5 Expirez et penchez-vous vers la
gauche, les deux bras suivant le
mouvement. Inspirez et redressez-
vous à nouveau. Changez la
direction des bras. Penchez-vous
en avant, les bras tendus devant vous,
inspirez et redressez-vous. Répétez les
mouvements des sections 4 et 5
(en penchant maintenant les bras
vers la droite).

6 Revenez à la Posture royale
et expirez à la demande de
votre corps. Vous devriez sentir
toutes les zones respiratoires
inondées de la vague de souffle.
Si vous ne sentez pas bien la
zone respiratoire 4, répétez cet
enchaînement avant de continuer.

CHAPITRE DEUX

ÉLIMINATION DE LA TENSION

1 *Commencez à enrouler le corps à partir de la tête. Les bras pendent, détendus, sur les côtés, les épaules sont relâchées. Expirez et enroulez progressivement la colonne vertébrale, un peu plus à chaque expiration, en fléchissant les genoux jusqu'à ce que votre tronc soit fléchi vers l'avant. Restez dans cette position et respirez profondément.*

2 *Inspirez et commencez à vous dérouler vers le haut à partir du sacrum. Gardez les genoux fléchis. Expirez et étirez le tronc vers l'avant – des fesses vers la tête – tout en étirant les bras vers l'avant de chaque côté de la tête. Quand vous aurez fini d'expirer, tendez les mains vers l'avant. Imaginez le flux d'air expulsé.*

AVANT DE COMMENCER

Tenez-vous debout, les jambes écartées de la largeur du bassin, la plante des pieds bien à plat sur le plancher. Expirez et déplacez le poids du corps sur le plancher. À l'inspiration suivante, suivez la vague de votre souffle remonter du bas vers le haut. Inspirez et expirez trois fois de cette façon. Chaque respiration vous redressera. Étirez encore un peu plus la colonne vertébrale à chaque inspiration. Vous devriez bien sentir votre souffle dans la région abdominale (zones respiratoires 1 et 2). Quand vous vous sentez bien étiré – de la plante des pieds au sommet de la tête – vous êtes prêt à effectuer l'enchaînement indiqué sur ces deux pages.

3 *Inspirez et relâchez la tension. Expirez et étirez les bras et le tronc en commençant toujours le mouvement au point le plus bas de la colonne vertébrale pour faire remonter la vague d'air le long de votre corps. Étirez-vous de plus en plus jusqu'à ce que vous vous trouviez debout, le corps bien droit, les bras tendus au-dessus de la tête. Inspirez avant d'abaisser les bras sur les côtés.*

4 *Inspirez par réflexe en vous tenant bien droit. À chaque inspiration, sentez la vague de votre souffle et l'étirement de votre corps. Sentez-le mieux encore en vous étirant davantage, du sacrum à l'extrémité de la tête. Notez que le souffle doit être réparti entre toutes les zones respiratoires.*

5 *Laissez la vague de souffle et de mouvement circuler rapidement dans votre corps. Appréciez la différence que vous ressentez entre inspirer et expirer, se déplacer et être déplacé, être actif et lâcher prise. Expirez et faites une flexion avant. Appuyez-vous sur vos genoux fléchis et poussez-les en avant comme s'ils formaient un ressort. Puis inspirez et déroulez la colonne vertébrale, du sacrum à la colonne cervicale. Les bras suivent le mouvement. Quand vous avez fini d'inspirer, ils sont étirés au-dessus de la tête.*

6 *Expirez et amenez les bras sur les côtés en décrivant un demi-cercle, et enroulez rapidement la colonne vertébrale, vertèbre après vertèbre. Puis quand la vague d'inspiration et la vague du déroulement vous ont emporté à nouveau vers le haut, restez-y un instant (les bras toujours étirés au-dessus de la tête), prêt à inspirer à la demande de votre corps.*

7 *En vous tenant debout, les bras au-dessus de la tête, regardez votre posture. Laissez-vous étirer deux ou trois fois de plus par la vague de souffle. Étirez-vous encore plus pendant l'expiration. Respirez profondément et maintenez la position verticale tout en lâchant prise à l'intérieur du corps. Expirez lentement en guidant votre expiration et en abaissant les bras sur les côtés.*

3

METTEZ DU SOUFFLE

DANS VOTRE JOURNÉE

Une fois que vous aurez pris conscience des divers rythmes de votre respiration selon les situations dans lesquelles vous vous trouvez, vous vous rendrez compte de l'influence qu'elle a sur la façon dont vous sentez et agissez. Cette prise de conscience est la première étape de la découverte du pouvoir de la respiration. En guidant et en utilisant votre souffle, vous pouvez combattre le stress et aborder la vie de manière positive.

Le bien-être au quotidien

Tout ce que ce livre vous a appris jusqu'ici ne vise qu'à une chose – améliorer votre respiration de sorte qu'elle vous procure du bien-être à tous les instants de la journée.

Même si vous n'avez pas encore eu l'occasion de pratiquer les exercices et de commencer à apprécier les bienfaits du programme exposé dans la deuxième partie, cette troisième partie vous donnera une idée de l'énergie que peut générer votre souffle et comment il peut être utilisé dans les situations les plus diverses.

Utiliser son souffle

Vous apprenez beaucoup de choses sur vous et sur vos sentiments en observant la manière dont vous respirez. Votre respiration est-elle profonde, superficielle, calme ou agitée ? Par le pouvoir de votre esprit, vous pouvez la modifier. Pour aborder un problème mentalement, vous devez vous concentrer et aussi savoir comment votre souffle circule dans votre corps (voir p. 14 à 17). Dans les pages suivantes, vous trouverez des suggestions et des techniques qui vous permettront d'améliorer votre bien-être général, accompagnées d'encarts intitulés « CONSIGNES -CORPS » et « CONSIGNES-ESPRIT ». Mais ils ne vous aideront peut-être pas beaucoup si vous n'avez pas déjà pratiqué certains des exercices et ressenti leurs effets bénéfiques.

Les activités suggérées dans cette partie sont très simples et peuvent être effectuées même si vous avez une compréhension très élémentaire du rôle puissant de la respiration (que vous développerez avec l'entraînement). Ce qui importe surtout, c'est de faire quelque chose pour vous chaque matin.

La transition entre le sommeil et l'état de veille est importante et, si vous n'y prêtez pas attention, elle pourrait être pour votre corps et votre esprit un choc et une source de tension nerveuse. Dès le début de la journée, votre respiration peut être agitée et irrégulière. Il est bien préférable que vous commenciez la journée en paix avec vous-même et avec un sentiment positif de bien-être.

Le réveil

Dès la seconde où vous ouvrez les yeux dans votre lit, sachez prendre votre temps. Cela fera une différence énorme dans la façon dont vous aborderez votre journée. Le réveil commence à ce moment-là et non pas après votre deuxième tasse de café ou de thé. Et le temps qui s'écoule entre l'instant où vous vous réveillez et celui où vous vous asseyez pour prendre votre petit déjeuner aura une influence sur vous et sur la façon dont vous vous sentirez le reste de la journée. Rendez-vous service et faites sonner votre réveil dix minutes plus tôt que d'habitude. Servez-vous de ces minutes supplémentaires pour entrer en contact avec votre respiration, stimuler votre circulation et vous préparer pour la journée. Vous en ressentirez les bienfaits pendant des heures.

DIRE BONJOUR À SON CORPS

CONSIGNES - CORPS

- *Dès que vous vous réveillez, étirez-vous et bâillez à loisir.*
- *Bougez les doigts des mains et des pieds.*
- *Effectuez des mouvements circulaires avec les mains et les pieds.*
- *Frottez les paumes des mains l'une contre l'autre, puis serrez-les l'une contre l'autre.*

CONSIGNES - ESPRIT

- *Prenez contact avec votre respiration, prenez conscience de son rythme.*
- *Guidez votre respiration jusqu'à ce qu'elle pénètre profondément dans votre corps (sentez-la dans les zones respiratoires 1 et 2),*
- *En inspirant, faites circuler l'air dans toutes les parties de votre corps.*
- *Guidez le flux d'air en respirant profondément, en soupirant.*
- *Asseyez-vous sur le bord de votre lit, inspirez, puis expirez lentement.*

À moins que vous ne soyez brusquement réveillé par le cri d'un enfant, le téléphone ou le postier qui frappe à la porte ou bien que vous n'ayez pas entendu la sonnerie du réveil, il vaut beaucoup mieux que vous ne sautiez pas du lit à la minute même où vous vous réveillez. Pendant que vous êtes encore dans votre lit, commencez par étirer les bras et les jambes, d'abord sous les couvertures, puis au-dessus. Étirez graduellement toutes les parties du corps, en bâillant aussi souvent et aussi intensément que vous le voulez.

• *Bâillements et étirements* activent la respiration, ralentie au cours du sommeil. Les muscles, relâchés quand vous dormez, reçoivent le message de se préparer pour les activités de la journée. Remuez maintenant les doigts des mains et les orteils, ou attrapez-les ou massez-les. Étendez petit à petit ces mouvements de façon à fléchir les articulations des mains et des pieds, en faisant des mouvements circulaires qui activent la circulation.

• *La circulation ainsi stimulée* informe le cœur et la respiration que le temps du sommeil est terminé et que le rythme de la journée a commencé.
Étirez à nouveau votre corps en respirant profondément. Si vous pouvez pousser un soupir ou un gémissement, cela enverra une étincelle positive à votre esprit et à votre corps.
Puis redressez-vous sans effort, tournez doucement sur le côté et posez les jambes par terre. Asseyez-vous sur le bord du lit en mettant les pieds sur le plancher, en inspirant et en expirant deux fois. Expirez et frottez-vous les mains l'une contre l'autre, inspirez et gardez-les immobiles, paumes jointes.
Faites cela deux ou trois fois en appréciant l'air qui pénètre par les narines et se propage dans le corps. En appuyant légèrement les paumes l'une contre l'autre, levez les bras à la hauteur de la poitrine, à environ 15 cm du corps, puis inspirez et expirez profondément deux fois en tournant les mains vers le sternum selon un mouvement semi-circulaire, et ensuite devant vous. Étirez-vous une fois de plus, avant de vous lever.

• *La colonne vertébrale, les muscles* et la circulation sont maintenant stabilisés, habitués à la position verticale et prêts à bouger.

Un nouveau rythme
Ces simples gestes et actions sont tous adaptés aux fonctions de votre corps.
Le fait de passer graduellement du rythme du sommeil à celui de l'action change l'amplitude de votre respiration, si bien que votre esprit et votre corps sont préparés à commencer la journée dans le calme et la confiance. Cela ne prend que cinq minutes de bien se réveiller.

POUR BIEN DÉMARRER LA JOURNÉE

Placez-vous devant une fenêtre ouverte, en évitant bien sûr les courants d'air, et étirez-vous. Effectuez de grands cercles avec les bras, en les levant haut quand vous inspirez et en les abaissant quand vous expirez. Faites plusieurs fois ce mouvement.

• *Vos poumons sont nettoyés.* L'air accumulé par la respiration superficielle de la nuit sera éliminé. Expirez et enroulez la colonne vertébrale de la tête au sacrum (voir p. 30) en détendant le tronc. Faites une pause et inspirez, fléchissez les genoux et déroulez la colonne vers le haut, du sacrum jusqu'au cou et à la tête. Inspirez, levez les bras et étirez-les au-dessus de la tête, expirez lentement et étirez les bras sur le côté, puis laissez-les pendre, détendus. Tenez-vous droit et respirez profondément plusieurs fois.

• *Votre colonne vertébrale est légèrement étirée.* Ceci la débarrasse de toute raideur, fait travailler les muscles du dos et stimule la circulation.

UNE BOUFFÉE D'ÉNERGIE

Ne vous précipitez pas sous la douche ou dans la baignoire. Commencez par vous donner un petit massage qui éliminera les cellules mortes de la surface de la peau et laissera les pores respirer.

• *Utilisez pour cela une brosse* (ou une éponge végétale), un gant de massage ou même une serviette un peu rêche. N'utilisez pas forcément ce qu'il y a de plus dur, il suffit que votre peau se sente agréablement revitalisée, sans rougeur ni douleur.
Essayez d'expirer chaque fois que vous vous frottez. Commencez par les orteils, puis remontez les jambes jusqu'aux cuisses. Frottez-vous ensuite les mains et les bras, des

---

CONSIGNES - CORPS

• *Bâillez et étirez-vous devant une fenêtre ouverte.*
• *Expirez profondément deux fois en faisant des mouvements circulaires avec les bras.*
• *Enroulez la colonne vertébrale à partir de la nuque, puis déroulez-la et, une fois en position debout, étirez-vous.*
• *Abaissez les bras sur les côtés, et respirez profondément, calmement et efficacement.*

CONSIGNES - ESPRIT

• *À chaque inspiration, guidez l'air qui remonte la colonne vertébrale à partir du sacrum.*
• *À la troisième inspiration, sentez la respiration atteindre le haut de votre tête.*
• *Inspirez et expirez deux fois par le nez.*
• *Expirez rapidement par la bouche en sentant les parois abdominales se resserrer et le souffle circuler dans toutes les zones respiratoires.*
• *Veillez à ce que les parois abdominales se resserrent pendant l'expiration.*
• *Sentez la dernière respiration calme remonter à partir des talons, le long de la partie postérieure des jambes, puis de la colonne vertébrale jusqu'au sommet de la tête.*

poignets aux épaules, puis le tronc, d'un mouvement vif ou doux, et enfin, d'un mouvement circulaire, l'estomac, la poitrine et le bas de l'abdomen.

Frottez toutes les parties du dos que vous pouvez atteindre – commencez par la base de la tête, puis descendez le long de l'épaule et du bras, des deux côtés. Vous êtes maintenant prêt à prendre votre douche ou votre bain, en respirant calmement. L'idéal serait de terminer par une courte douche froide sur les bras et les jambes afin de stimuler la circulation. Séchez-vous rapidement

CONSIGNES - CORPS

- *Brossez votre corps de haut en bas pendant deux minutes.*
- *Prenez une douche ou un bain d'eau agréablement chaude (de préférence une douche).*
- *Terminez par une brève douche froide sur les jambes et les bras.*
- *Essuyez-vous rapidement.*

CONSIGNES - ESPRIT

- *Les exercices recommandés demandent une certaine expérience de la respiration, car ils exigent une grande concentration.*
- *Imaginez que votre peau vous picote chaque fois que vous expirez.*
- *Dans la douche, envoyez la chaleur à vos mains et à vos pieds.*
- *Pendant que l'eau sèche sur votre peau, sentez votre souffle se propager de l'intérieur vers l'extérieur.*
- *Quand l'inspiration a atteint la surface de la peau, envoyez votre souffle dans la pièce, comme si c'était de la vapeur chaude.*

tout en expirant fortement. Plus tard, lorsque vous aurez confiance en votre nouvelle capacité de respiration, vous choisirez peut-être de laisser sécher l'eau sur votre peau. Le matin, commencez par boire de l'eau. Un demi-litre d'eau du robinet, d'eau filtrée ou d'eau minérale selon votre goût, avant le petit déjeuner, ceci pour réhydrater votre corps. (Vous n'êtes peut-être pas conscient de la quantité de transpiration et de déchets que votre corps produit pendant le sommeil.)

Le petit déjeuner ne doit ni vous rassasier ni vous laisser un sentiment de faim – ce qui, dans les deux cas, aurait un effet négatif sur la respiration. Prenez de préférence une infusion et non du thé ou du café noir (si vous ne pouvez pas vous en passer, faites-le léger plutôt que fort). Vous pouvez graduellement faire du thé ou du café de plus en plus léger, puis passer à une infusion. Votre programme de respiration au réveil vous rendra bien plus éveillé et plus alerte que le café ou le thé, et ceci pour plus longtemps.
Quand vous préparez votre petit déjeuner, savourez-en les arômes – jus d'oranges fraîchement pressées, fruit frais, infusion, céréales, toasts.

Appuyez sur une narine avec un doigt, inspirez et sentez la nourriture, puis expirez. Faites la même chose avec l'autre narine. Cela stimulera les muscles respiratoires et éveillera votre esprit.

Gardez le dos bien droit quand vous êtes assis pour le petit déjeuner, étirez la colonne vertébrale du sacrum jusqu'au sommet de la tête – c'est la Posture royale dans laquelle vous sentez nettement vos ischions (voir page 42).
Avant de commencer le petit déjeuner, respirez profondément deux fois et mangez lentement et en toute conscience. La bouche fermée, mâchez de façon exagérée pour sentir que vos muscles sont bien vivants. La respiration nasale favorise la circulation du sang dans la peau et redonne de la vitalité aux voies respiratoires supérieures.
Avant de quitter la table, inspirez et expirez une fois calmement et profondément. Pendant que vous desservez, nettoyez-vous les dents avec la langue. Cela ne remplace pas le fait de se brosser les dents, ce que vous ferez un peu plus tard, mais c'est une manière de stimuler l'intérieur de la bouche et la langue. Faites circuler l'extrémité de la langue sur la face extérieure des dents, puis sur leur face intérieure, supérieure puis inférieure, ceci plusieurs fois.

- *Si vous pensez que tout cela* prolonge le petit déjeuner alors que vous ne disposez pas de beaucoup de temps le matin, ne vous en faites pas. Cela ne vous prendra que

POUR FAIRE FUIR LES TENSIONS

CONSIGNES - CORPS

- *Appréciez l'odeur de la nourriture et de la boisson du petit déjeuner.*
- *Asseyez-vous à table le dos bien droit (et pas avachi).*
- *Faites travailler les muscles du visage quand vous mâchez et respirez par le nez.*
- *Nettoyez-vous les dents avec la langue avant de les brosser.*

CONSIGNES - ESPRIT

- *Inspirez lentement par le nez et faites circuler l'air dans les fosses nasales en le faisant remonter vers le front et le sommet de la tête, puis redescendre par le cou. Le voile du palais est soulevé et la gorge ouverte.*
- *Lorsque vous mâchez lentement votre petit déjeuner, prenez conscience de l'air qui entre et sort par le nez et de ses mouvements dans les joues, le front et le pourtour des yeux.*
- *Reposez doucement la langue dans la bouche. Expirez par le nez, la bouche fermée, comme si vous envoyiez des bouffées d'air. Concentrez-vous autant sur l'intérieur que sur le monde extérieur.*

quelques minutes de plus. Vous regardez l'heure et voyez qu'il est temps de partir pour prendre l'autobus ou le train, attraper les clefs de votre voiture ou votre casque de moto ? Voilà un stress qui vaut la peine d'être évité, et voici quelques conseils pour occuper les quelques instants précédant votre départ.

- *Secouez doucement les mains* à partir des poignets en expirant, puis

gardez-les immobiles pendant que vous inspirez par la bouche, les lèvres en « o » comme pour siffler. Puis placez les lèvres comme si vous essayiez de souffler une bougie, expirez en vous débarrassant des pensées qui vous importunent. Faites cela deux ou trois fois, puis respirez normalement.

- *Rapprochez les doigts* des deux mains comme si vous teniez une balle de tennis. En commençant par le centre du front, tapotez du bout des doigts la ligne de naissance des cheveux jusqu'au cou. Chantonnnez en même temps si vous voulez. En inspirant, laissez

les doigts au repos et guidez le flux de l'air dans leur direction. Tapotez assez fort de façon à ce que le sang soit stimulé. Faites-le deux ou trois fois, en respirant régulièrement.

- *Vous êtes prêt à partir ?* Faites une pause devant une glace, inspirez et expirez. Croisez les mains, placez-les derrière la nuque et reposez doucement la tête dans vos mains. Expirez et relevez la tête, puis enroulez le cou, vertèbre après vertèbre, pour l'étirer doucement. Levez la tête, faites-vous un grand sourire dans la glace et lancez-vous dans votre journée.

CONSIGNES - CORPS

- *Secouez les mains, entr'ouvrez la bouche en arrondi et rejetez l'air vigoureusement.*
- *Tapotez des doigts votre tête et votre nuque en fredonnant si vous en avez envie.*
- *Reposez la tête sur les mains croisées derrière la nuque, puis étirez le cou en arrière.*
- *Faites-vous un grand sourire dans la glace avant de partir.*

CONSIGNES - ESPRIT

- *Expirez trois fois la bouche ouverte, les lèvres arrondies, en chargeant l'air expiré de toutes les pensées qui vous importunent. En inspirant, l'air circule dans la région du front et des yeux, en expirant, fredonnez. Envoyez votre respiration vers le cou. À chaque inspiration, le cou s'étire un peu plus.*
- *Lorsque vous quittez la maison, concentrez-vous autant sur votre respiration que sur votre conversation avec la première personne que vous rencontrez.*

Rentrez dans le rythme de la journée

Durant la journée, votre respiration devrait être calme et rythmée. Si ce n'est pas le cas, il est très utile de reconnaître les signes d'alerte et de savoir quoi faire pour retrouver une respiration équilibrée.

Il se peut que votre journée soit interrompue par des événements inattendus : un rendez-vous stressant, une conversation désagréable, un message un peu sec, qui risquent d'affecter votre respiration. Mais peut-être serez-vous également influencé par des événements positifs – un hochement de tête amical, un sourire, un déjeuner agréable, le son de la voix d'une personne que vous aimez, une plaisanterie ou une anecdote amusante, qui vous aideront à respirer plus profondément, à donner à votre souffle un rythme régulier et moins rapide.

Quand vous aurez appris à prendre conscience de cela, vous serez en mesure de rétablir le rythme normal de votre respiration, en vous débarrassant de toute saute d'humeur et de toute trace de panique ou de nervosité.

Pensées positives

• *Entraînez-vous* à prendre conscience des événements positifs qui se passent autour de vous.

• *Les pensées positives* approfondissent et stabilisent votre respiration.

• *Observez les réactions* de votre respiration lorsque quelque chose de positif se produit. Conservez cet état aussi longtemps que possible, gardez son effet en mémoire.

• *Soyez la personne* qui prend l'initiative, fait le geste amical. Il est plus facile de sourire que de faire la grimace.

Connaître ses réactions négatives

• *Soyez conscient* des réactions de votre respiration dans des situations que vous ne contrôlez pas.

• *Notez ses caractéristiques*, son rythme et sa fréquence (le nombre de respirations par minutes).

Ne pas retenir son souffle

Quand vous arrêtez de respirer – ou retenez votre souffle – c'est peut-être parce que vous vous concentrez trop. Ceci peut se produire lors d'une conversation passionnante ou quand vous faites quelque chose qui requiert toute votre attention. Mais cela arrive aussi quand vous êtes en colère, effrayé ou choqué, ou qu'il y a un brusque changement de température ou que vous ressentez une très vive douleur. De toute façon, le rythme de votre respiration change et cela affecte votre corps – le cœur, le sang et même le métabolisme. En vous observant de près, vous découvrirez rapidement ce qui vous pousse à retenir votre souffle. Après quoi, vous essaierez peut-être d'éviter la situation qui en est la cause ou de vous entraîner à guider votre respiration et à la régulariser, comme on vous l'indique à la page suivante.

Guider sa respiration

La manière la plus efficace de réduire le stress physique et mental est de ramener la respiration à son flux et à son rythme normaux.

Il est important de noter quand votre amplitude respiratoire change et d'agir rapidement. Plus vous en serez conscient, plus vous vous serez en mesure de vous calmer rapidement, quelle que soit la situation dans laquelle vous serez.

Pour exercer et stabiliser votre souffle et en éliminer toutes les irrégularités, suivez les suggestions suivantes qui vous permettront de réduire la tension et de stimuler la respiration en retrouvant son rythme normal, que vous soyez seul ou en compagnie d'autres personnes.

Réduire la tension

• *Si vous êtes seul,* expirez fortement trois fois et fléchissez le buste en laissant tomber les bras. Quand vous vous redressez entre chaque expiration, inspirez aussi peu d'air que possible. Inspirez quand vous êtes penché en avant et redressez-vous en expirant. Inspirez rapidement, penchez-vous à nouveau en avant et expirez tout l'air que vous pouvez – par la bouche comme dans un souffle qui vous nettoie.

• *En compagnie d'autres personnes,* expirez aussi fort que possible jusqu'à ce que vous ayez l'impression qu'il ne vous reste plus d'air dans le corps. Prenez conscience de cet état de vide, puis inspirez lentement. Vous vous sentirez soulagé.

Stimuler la respiration

• *Si vous êtes seul, asseyez-vous* ou mettez-vous debout. En expirant, placez les mains sous les aisselles, et faites-les descendre sur les côtés, en fléchissant le tronc et les genoux, jusqu'à ce qu'elles atteignent le plancher. Puis inspirez et remontez les mains le long du corps, en étirant les bras au-dessus de la tête. Expirez et redescendez les mains le long des côtés. Répétez cet exercice trois fois.

• *En compagnie d'autres personnes,* pliez les bras et pensez à la respiration qui pénètre dans votre corps et se propage du haut vers le bas, puis suivez-la quand elle remonte du bas vers le haut. Concentrez-vous sur le rythme de votre respiration.

POUR RETROUVER LE RYTHME DE SA RESPIRATION

• *Si vous êtes seul. Asseyez-vous, le dos bien droit et perpendiculaire aux cuisses. Restez quelque temps dans cette position sans vous pencher en arrière et écoutez votre respiration. Expirez et amenez le tronc en avant, inspirez et* revenez à la position assise, le dos vertical. Puis fléchissez le corps en avant aussi loin que possible.

• *En compagnie d'autres personnes, restez assis, le dos aussi droit que possible et concentrez-vous sur l'idée que votre corps se balance.*

Votre respiration retrouvera alors son rythme normal. Expirez, faites une pause, inspirez, puis soupirez profondément pour relâcher la tension. Cela deviendra plus facile avec un peu d'expérience. Lorsque vous associez ainsi l'esprit à la respiration, les autres remarqueront à peine que vous avez eu un court instant besoin de vous ressaisir.

Comment éviter une respiration superficielle

On respire superficiellement quand on n'utilise que certaines de ses zones respiratoires. Cela peut se produire quand on est en colère ou qu'on a peur, quand on est nerveux ou stressé ou tout simplement parce qu'on n'a jamais appris à respirer autrement.

Quand on respire superficiellement, on inspire moins d'air et pour compenser et fournir une quantité suffisante d'oxygène (ce qui est, après tout, le but de la respiration), on augmente son amplitude. Mais le résultat est que l'on fatigue le corps, et surtout le cœur. La respiration superficielle, causée par le stress, accroît donc le stress dans lequel on est. C'est un cercle vicieux. Voici comment en sortir.

LA POITRINE

1 *Inspirez et placez les mains au niveau du diaphragme. Expirez en appliquant une légère pression des paumes sur la poitrine pour déplacer les côtes vers le milieu du corps et relâcher le diaphragme (ce qui est essentiel pour le rendre plus élastique).*

2 *Inspirez à nouveau et laissez votre poitrine se réduire tandis que vous expirez par la bouche. Déplacez les paumes des mains vers le sternum, sans appuyer trop fort. Vous devez vous sentir agréablement détendu. Vous pouvez aussi croiser les bras sur la cage thoracique, en essayant de mettre les mains le plus loin possible sur les côtés, et vous pencher en avant en expirant.*

3 *Recommencez deux ou trois fois et respirez profondément.*

LES JAMBES

1 *Croisez les jambes au niveau des genoux, attrapez la partie supérieure du genou avec la main qui se trouve le plus près en pliant l'autre bras derrière le dos. Expirez et tournez le tronc et la tête vers le bras plié tandis que le genou se déplace dans la direction opposée. Vous sentirez alors une légère sensation d'étirement au milieu du corps. Maintenez cette position pendant que vous inspirez et expirez une ou deux fois.*

2 *Expirez et ramenez lentement le tronc vers le milieu, puis respirez profondément. Répétez ce mouvement sur l'autre côté. Puis inspirez et expirez par le nez.*

LE TRONC

1 *Placez les deux pieds bien à plat sur le plancher, éloignés de la largeur du bassin. Posez les deux mains sur les cuisses.*

2 *Inspirez et penchez le tronc en avant, aussi loin que possible tant que la position est confortable. Expirez lentement, en descendant les mains le long des jambes jusqu'aux pieds. Si c'est plus facile, reposez le tronc sur les cuisses en fléchissant légèrement les genoux.*

3 *Quand vous êtes dans une position confortable, laissez les bras pendre, détendus, et étirez un peu le cou. Inspirez et expirez de trois à cinq fois, en faisant vibrer un son si vous en avez envie, et faites circuler lentement l'air par le nez jusqu'au milieu du corps, puis dans le dos.*

4 *Prenez conscience du mouvement de votre respiration à l'arrière de la zone respiratoire 1 en posant les mains sur les côtés droit et gauche de la colonne lombaire.*

5 *Une fois que vous avez bien senti votre souffle, redressez-vous lentement. Inspirez profondément et expirez en soupirant. Inspirez et expirez deux fois, puis répétez l'exercice.*

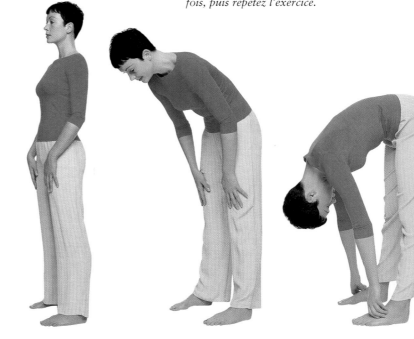

RESPIRATION INCONSCIENTE

La respiration est contrôlée automatiquement par des réflexes. Mais il est indispensable de savoir quelque chose sur ce mouvement « inconscient » de l'inspiration et de l'expiration, de connaître son rythme et l'effet qu'il peut avoir. La respiration inconsciente est totalement indépendante de toute activité du cerveau. On peut faire confiance à ses réflexes et simplement les observer jusqu'au moment où on décide de les influencer de façon consciente.

LES MAINS

1 *Joignez les mains et placez-les devant vous, puis tournez-les vers le corps de façon à ce que les doigts pointent vers le sternum et que les coudes soient écartés.*

2 *Expirez et remontez les doigts le long du sternum sur la ligne centrale du corps jusqu'au niveau de l'épaule. Faites une pause et inspirez par le nez.*

3 *Tandis que vous expirez par le nez, tournez les mains vers l'avant (en faisant un mouvement semi-circulaire) de façon à ce qu'elles soient dirigées vers l'extérieur. Ceci vous calmera et approfondira votre respiration. Répétez les mouvements des sections 1 à 3 un maximum de cinq fois. Respirez librement et reposez les deux mains sur les cuisses.*

RESPIRATION CONSCIENTE

Le mouvement de la respiration est dirigé et contrôlé par la moelle, centre respiratoire du cerveau. Mais il peut aussi être délibérément guidé et contrôlé. Dans ce cas, on peut mieux utiliser la force de son souffle et veiller à ce que le sang soit bien oxygéné et que les cellules du corps soient maintenues en bonne santé.

Lâcher prise de temps à autre

Il y a des moments où il est indispensable de vous détendre pour retrouver de l'énergie. Tout se produit à un rythme tellement rapide autour de vous que cela vous laisse à bout de souffle. Vous êtes pour ainsi dire en panne et si vous laissiez les choses telles quelles, vous en pâtiriez.

Retrouver de l'énergie

Quand vous avez été affecté par des situations difficiles, trouvez le temps de revenir à vous-même. Voici quelques suggestions pour une pause « relaxation-récupération d'énergie ».

•*Retirez-vous dans un endroit* où vous ne serez dérangé par personne, ni par le téléphone ni la télévision. Asseyez-vous sur une chaise dans la Posture royale (voir p. 25). Expirez plusieurs fois en soupirant, puis inspirez profondément.

• *Prenez conscience de votre rythme respiratoire* et mettez-le au rythme de la respiration tranquille ou passive. Faites une pause après l'expiration, puis inspirez lentement par le nez.

• *Allongez la durée de la pause.* Expirez, puis faites une pause et reposez-vous – le poids de votre corps s'enfonce alors dans la chaise, même si vous êtes assis le dos droit. Ceci veut dire que vous lâchez prise et faites confiance à la chaise qui vous soutient. Expirez et fermez les yeux, faites une pause et ouvrez un peu la bouche. Ceci abaissera légèrement le niveau de votre mâchoire inférieure. Fermez la bouche et inspirez une quantité moyenne d'air par le nez. Inspirez et expirez de cette façon de cinq à dix fois.

• *Respirez profondément* en sentant l'air riche en oxygène apporter à votre corps une nouvelle énergie vitale.

Rester alerte

Cela peut vous surprendre, mais il ne faut pas être tendu pour être alerte, et quand vous lâchez prise et vous décontractez, votre concentration augmente automatiquement. Si vous n'arrivez pas à vous concentrer, c'est parce que vous êtes « vidé » de l'énergie dont vous avez besoin.

• *Asseyez-vous à une table* ou à un bureau dans la posture Royale, entrez en contact avec votre respiration, prenez-en conscience, puis inspirez et expirez aussi profondément que possible.

• *Créez de la tension* dans votre respiration en l'accompagnant plusieurs fois alors qu'elle descend profondément dans votre corps. À chaque inspiration, retenez votre souffle une ou deux secondes. Entr'ouvrez les lèvres vers l'avant (comme pour souffler une bougie) et expirez par la bouche. Quand vous retiendrez votre souffle après l'inspiration, vous sentirez l'énergie se propager de l'intérieur du corps vers toutes ses parties. Vous vous sentirez aussitôt plein de vitalité.

• *Inspirez plusieurs fois en « reniflant »* (comme si vous vous demandiez : Quelle est donc cette odeur ?). Ceci augmentera encore plus votre énergie. Imaginez que l'air ne pénètre pas seulement dans votre corps par le nez, mais aussi par les yeux.

Une fois que vous avez le sentiment de vous être vidé l'esprit (aucune pensée ne vous traverse l'esprit), placez les coudes sur la table devant vous et bouchez-vous les oreilles avec les mains. Gardez les épaules détendues et ouvrez la poitrine. Maintenant, inspirez et expirez. Faites vibrer un son à chaque expiration, cela vous clarifiera l'esprit. Au fait, vous aurez peut-être l'impression que les sons font beaucoup de bruit, mais les personnes autour de vous l'entendront à peine.

Se reposer

Dans le courant de la vie quotidienne, vous êtes assailli par un foisonnement d'images diverses et vous êtes très sollicité, parfois trop. Il vous arrive d'être débordé. Quand vous êtes chez vous le soir après une pareille journée, vous avez la tête tellement pleine d'informations que vous avez du mal à vous relaxer. Essayez malgré tout de vous détendre avant que vos tensions ne soient excessives, qu'elles ne vous rendent irritable et ne provoquent en vous des réactions désagréables vis-à-vis de votre entourage. Si vous êtes dans cet état, vous aurez des difficultés à vous endormir et vous vous réveillerez fréquemment la nuit. Un manque de sommeil prolongé peut provoquer du stress et nuire à votre forme. Ceci à son tour vous rendra plus susceptible de tomber malade.

Pour terminer la journée harmonieusement, essayez l'une des suggestions suivantes : Pendant le trajet de retour du travail, détendez-vous. Expirez profondément, et laissez l'air quitter votre corps en un flux régulier. Prenez conscience du rythme de votre respiration et accompagnez-la de façon à ce qu'elle devienne régulière.

• *Une fois rentré chez vous,* accordez-vous quelques minutes de repos sans vous plonger immédiatement dans les tâches qui vous attendent.

Trouvez un endroit calme où personne ne vous dérangera et expirez en faisant descendre les paumes de vos mains le long de votre tronc à partir de sa partie supérieure. À chaque expiration, déplacez les paumes un peu plus vite – cela vous permettra d'avoir une respiration vigoureuse qui vous nettoiera. Inspirez et expirez rapidement plusieurs fois, puis secouez bien les mains.

• *Placez la main droite* sur la partie antérieure de la zone respiratoire 1, la main gauche étant placée sur sa partie postérieure. Inspirez et expirez profondément de cinq à sept fois en prenant conscience du mouvement de votre respiration entre vos mains. Retirez les mains et respirez profondément trois fois.

• *Quand vous vous sentez nettement plus détendu,* vous êtes prêt à aborder la soirée. Maintenez consciemment un rythme respiratoire calme – cela vous permettra de ne pas laisser votre journée de travail affecter votre famille ou votre vie à la maison.

S'endormir

Pour s'endormir, il faut être détendu et dans une atmosphère tranquille. Peut-être serez-vous obligé de vous imposer une petite routine avant de vous endormir, qui ne vous demandera pas beaucoup d'efforts, mais que vous apprécierez : prendre un bain chaud, lire une nouvelle ou un poème, parcourir une revue, ou bien tout simplement ne rien faire

du tout. Ce n'est pas une bonne idée d'aller se coucher directement après avoir travaillé ou éteint la télévision, car la tension liée à ces activités vous suivra dans votre sommeil.

Votre esprit et votre corps devraient être tous deux conscients d'entrer dans une phase de calme.

• *Une fois dans votre lit,* confortablement allongé sur le dos, placez les deux mains sur l'estomac. À chaque expiration, sentez que votre ventre s'abaisse. Faites une pause, puis imaginez que vous vous enfoncez dans un hamac.

Il est important que vos pensées se calment quand vous entrez dans cette phase de sommeil. Vous devez récupérer d'une activité avant d'en entreprendre une autre. À chaque expiration, laissez vos pensées quitter votre corps, exactement de la même façon que vous vous êtes débarrassé de la tension de votre corps.

En respirant profondément, continuez à penser : « Je veux me reposer. Je veux être calme », et laissez-vous bercer par ces pensées.

Postures recommandées pour les maladies et maux courants

Les exercices respiratoires peuvent servir à améliorer certains aspects particuliers de votre santé. Faites les exercices suggérés pour éliminer les problèmes qui nuisent à votre bien-être. Effectuez-les en enchaînement sur plusieurs jours, en n'abordant un nouvel exercice que si vous avez ressenti les bienfaits de celui que vous avez terminé.

NIVEAUX D'ÉNERGIE BAS

Pour commencer : Côtes et diaphragme, 2 (p. 47)

Le Chat : Étirement et renforcement, 1 et 2 (p. 63-64)

Le Nuage : Gonflement et accumulation, 1 et 2 (p. 72-74)

La Racine : Force et stabilité, 2 et 3 (p. 78-80)

Le Ballon : tous (p. 92-99)

ÉTAT DE FATIGUE, FATIGUE CHRONIQUE

Pour commencer : Les ischions, 1 (p. 42)

Le Pendule : Pour mettre le Pendule en mouvement, 3 (p. 50)

Le Nuage : tous (p. 70-75)

La Fleur : Extension et étirement, 4 (p. 90)

Le Ballon : Sentir sa respiration (p. 93), Respirations et sauts, 1 (p. 94), Tension et sauts (p. 98-99)

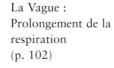 

La Vague : Prolongement de la respiration (p. 102)

INSOMNIE

Le Berceau :
Balancements
1 (p. 56)

Le Chat :
Étirement
et renforcement,
3 (p. 65)

La Fleur :
Extension et
étirement, 1 et 2
(p. 84-88)

La Vague :
tous
(p. 100-105)

COLÈRE, IRRITABILITÉ

Le Pendule :
Pour mettre le
Pendule en
mouvement, 2 et 3
(p. 49-51)

Le Pendule :
Pour vous recentrer
(p. 54)

Le Berceau :
Balancements, 4
(p. 61)

La Fleur :
Extension et
étirement, 1 et 2
(p. 84-88)

La Vague :
tous
(p. 100-105)

TENSION NERVEUSE, STRESS

Prenez conscience
de votre respiration,
1 et 2
(p. 38-41)

Le Pendule
Pour mettre le
Pendule en
mouvement, 1
(p. 48)

Le Chat :
Étirement
et renforcement,
3 (p. 65) et 5
(p. 68)

La Vague : Rythme
et ondulations
(p. 100)

ESSOUFFLEMENT DANS UNE MONTÉE

Le Berceau :
Balancements,
1 et 2
(p. 56-58)

Le Chat :
Étirement
et renforcement,
3 (p. 65)

La Fleur :
tous
(p. 84-91)

Le Ballon : tous
(p. 92-99)

DIFFICULTÉS RESPIRATOIRES EN NAGEANT

Le Pendule : Pour
mettre le Pendule
en mouvement,
3 (p. 50)

Le Chat :
Étirement
et renforcement,
2 (p. 63)

La Fleur :
tous
(p. 84-91)

La Vague :
tous
(p. 100-105)

RÉTENTION DU SOUFFLE DANS LES ÉTATS DE NERVOSITÉ

Le Pendule :
tous
(p. 48-55)

Le Berceau :
Balancements,
1 (p. 56)

La Fleur :
Extension et
étirement, 4 (p. 90)

La Vague :
Rythme et
ondulations (p. 100)

INFECTION DE LA GORGE

Pour commencer :
Côtes
et diaphragme,
1 (p. 46)

Le Chat :
Étirement
et renforcement,
1 (p. 63)

La Fleur :
Extension et
étirement, 1 et 2
(p. 84-88)

RHUME ORDINAIRE

Le Chat :
Étirement
et renforcement,
1 et 2 (p. 63-64)

Le Nuage :
tous
(p. 70-75)

La Vague :
Rythme et
ondulations
(p. 100)

La Vague :
Prolongement de la
respiration
(p. 102)

SINUS BOUCHÉS

Pour commencer :
Côtes
et diaphragme,
1 (p. 46)

Le Chat :
Étirement
et renforcement, 1
(p. 63)

La Fleur :
Extension et
étirement, 1
(p. 84)

RAIDEUR DU DOS

Le Berceau :
Balancements,
1 et 2 (p. 56-58)

Le Chat :
tous
(p. 62-69)

La Fleur :
Extension et
étirement, 4 (p. 90)

Le Ballon :
Tension et
étirements (p. 96)

MUSCLES DES MOLLETS MOUS

Le Pendule : Pour
mettre le Pendule
en mouvement, 3
(p. 50)

Le Berceau :
Balancements,
3 et 4
(p. 58-61)

Le Chat :
Étirement
et renforcement,
3 (p. 65)

La Racine :
tous
(p. 76-83)

Le Ballon :
Respirations
et sauts, 1
(p. 94)

PROBLÈMES DIGESTIFS

Le Pendule :
Pour mettre
le Pendule en
mouvement 3
(p. 50)

Le Berceau :
Balancements, 4
(p. 61)

Le Chat :
Étirement
et renforcement, 3
(p. 65), 4 (p. 67)
et 5 (p. 68)

La Racine :
Force et
stabilité, 3 (p. 80)

La Fleur :
Extension et
étirement, 4
(p. 90)

Le Ballon : Tension
et étirements (p. 96)

Le Ballon : Tension
et sauts (p. 98)

MAUX CHRONIQUES

BRONCHITE

Pour commencer :
Côtes
et diaphragme,
1 et 2 (p. 46-47)

Le Chat :
Étirement
et renforcement, 1
(p. 63)

Le Nuage :
tous
(p. 70-75)

La Vague : Rythme
et ondulations
(p. 100)

MAUX DE TÊTE

 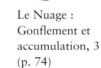 

Le Pendule : Pour
mettre le Pendule
en mouvement
1 (p. 48)

Le Chat :
Étirement
et renforcement, 1
(p. 63) et 3 (p. 65)

Le Nuage :
Gonflement et
accumulation, 3
(p. 74)

La Fleur :
Extension et
étirement, 1
(p. 84)

La Vague :
Rythme
et ondulations (p. 100)

LOMBALGIES

 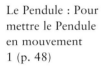 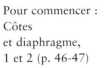

Le Berceau :
Balancements,
1 (p. 56)
et 4 (p. 61)

Le Chat :
Étirement
et renforcement, 3
(p. 65)

La Racine :
Force et
stabilité, 4 (p. 81)

La Vague :
Rythme
et ondulations
(p. 100)

À faire...
• *Prendre son temps. Apprendre à bien utiliser son souffle est un processus graduel et l'on progressera à mesure que l'on en ressentira les bienfaits.*
• *Trouver de la place dans son emploi du temps quotidien pour faire des exercices. La régularité de la pratique aidera à* *acquérir certains réflexes respiratoires.*
• *Prendre conscience de sa respiration dès le moment du réveil.*
• *Accepter d'apprendre : stimulation du cerveau, rajeunissement et vivacité.*
• *Utiliser sa respiration pour reprendre de l'énergie ou se calmer.*
• *Se fixer des défis.*
• *Écouter sa respiration.*

À ne pas faire...
• *Laisser la fatigue interférer avec les exercices habituels. Il faut au contraire se forcer à les faire pour se sentir à nouveau plein de vitalité.*
• *Ne respirer que par la bouche ou par le nez. Pour bien respirer, il est essentiel de faire les deux.*
• *Continuer à faire un exercice si l'on éprouve un certain inconfort.* *Votre esprit vous dit de faire une pause.*
• *Être paresseux quand on respire. Si on n'utilise pas tous ses muscles respiratoires et tout le tissu musculaire, on se sentira constamment fatigué.*
• *Oublier de se reposer entre les exercices. Apprenez les postures de base dans lesquelles on peut se reposer facilement.*

Posture et respiration

B *on nombre d'entre nous passent une grande partie de la journée assis – pour prendre les repas, travailler à un bureau, se déplacer en voiture, écrire des lettres, regarder la télévision, voir une pièce de théâtre ou écouter de la musique. Pour chacune de ces activités, nous avons des sièges différents et notre posture peut en souffrir.*

Si vous avez le dos rond, le passage de l'air dans votre corps est entravé – causant stress, fatigue, maux de tête, crampes aux épaules, douleurs d'estomac et problèmes de dos. De tels symptômes sont courants sur les lieux de travail où l'on n'accorde pas suffisamment d'importance aux besoins de ceux qui passent leur journée à un bureau. Des problèmes liés aux muscles ou à la colonne vertébrale peuvent en fait apparaître dès l'âge scolaire si le mobilier n'est ni adapté à la taille des enfants ni conçu pour leurs besoins. D'autres facteurs de mauvaise posture sont liés à de mauvaises habitudes : transporter à la main ou à l'épaule des sacs trop lourds, porter des souliers à talons trop hauts qui projettent la colonne vertébrale en avant ou des chaussures qui nuisent à l'équilibre lors de la marche ; porter des habits trop serrés.

Pour avoir une bonne posture

Dès le début des exercices, vous adopterez une bonne posture que vous devez pouvoir maintenir quand vous êtes assis sur n'importe quel type de siège, ceci pour soulager votre colonne vertébrale.

• *En position assise,* gardez le dos droit, le poids du corps reposant sur le bassin. Le tronc et les cuisses doivent être à angle droit.

• *Posez les pieds à plat* sur le plancher, écartés de la largeur du bassin, ou étendez les jambes devant vous, parallèles.

• *Ne croisez pas les jambes* au niveau des genoux – cela restreint la respiration et est mauvais pour la circulation. Mais si vous trouvez la position confortable, croisez les jambes au niveau des chevilles, en les croisant de temps à autre en sens inverse.

• *Gardez le tronc droit* et ne creusez pas le dos. Quand vous avez les épaules détendues et les bras sur le côté, votre poitrine sera ouverte et vous pourrez respirer librement.

• *Faites attention à la position de votre cou* quand vous êtes assis, le dos droit. Étirez-le un peu de temps à autre – ce qui étirera aussi légèrement le bas de votre colonne vertébrale.

• *Ayez bien à l'esprit* que, quand votre posture est correcte, vous devez être en mesure de sentir votre respiration toute la journée, dans chacune des zones respiratoires.

• *Pour maintenir la posture* qui vous convient naturellement, suivez les instructions du chapitre Les ischions, 1 et 2 (p. 42-45), puis Côtes et diaphragme, 1 et 2 (p. 46-47).

Écouter son rythme respiratoire

Le rythme de la respiration comporte trois temps. Les deux premiers, l'inspiration et l'expiration, sont actifs. Le troisième est passif – vous faites une pause. L'ordre est le suivant : expiration, pause, inspiration. Dans la respiration tranquille ou passive, le rythme est régulier, bien que vous puissiez le ralentir ou l'accélérer. Quand vous respirez automatiquement – sans pensée consciente – l'expiration est plus longue que l'inspiration qui la suit. En cas de stress, l'inspiration est plus longue. Modifiez votre position et voyez si cela affecte le rythme de votre respiration.

Index

Remerciements

Les éditeurs tiennent à remercier pour son inestimable contribution Laura Wickenden qui a pris toutes les photographies de ce livre à l'exception de :
Page 8 (bas) Robert Harding Picture Library ; 9 (haut) Peter Correz/Tony Stone Images ; 19 J.-P. Fruchet/Telegraph Colour Library ; 37 David de Lossy/The Image Bank ; 108 Ralf Schultheiss/Tony Stone Images ; 109 Chris Harvey/Tony Stone Images ; 110 (haut) The Photographers Library ; 110 (bas) Rick Rusing/Tony Stone Images ; 111 (haut) The Photographers Library ; 111 (bas)-113 (gauche) Andrew Sydenham ; 113 (droite) The Photographers Library ; 115 Andrew Sydenham ; 119 Telegraph Colour Library

Modèles : Annabelle Dalling, Ian Hodson, Cordelia West

Remerciements de l'auteur

Merci
À tous ceux qui m'accompagnent sur cette voie et me donnent la confiance de poursuivre ce travail
À tous ceux qui m'ont aidée à écrire ce livre
À tous mes étudiants et élèves qui n'ont jamais cessé de m'encourager à écrire ce livre

Merci à vous qui utilisez ce livre et savez que tous ensemble, chaque jour, nous progressons.